AF560962

La Question de Terre-Neuve

PAR

Armand PORTEU

Ancien Préfet

ANCIEN DÉPUTÉ D'ILLE-ET-VILAINE

Rennes
IMPRIMERIE BREVETÉE FR. SIMON
1903

La Question de Terre-Neuve

PAR

Armand PORTEU

Ancien Préfet

ANCIEN DÉPUTÉ D'ILLE-ET-VILAINE

Rennes

IMPRIMERIE BREVETÉE FR. SIMON

1903

La Question de Terre-Neuve

La Question de Terre-Neuve

PAR

Armand PORTEU

Ancien Préfet

ANCIEN DÉPUTÉ D'ILLE-ET-VILAINE

Rennes

IMPRIMERIE BREVETÉE FR. SIMON

1903

Avant-Propos

On parle souvent de la question de Terre-Neuve, mais il est à craindre que ceux qui s'en entretiennent ne la connaissent pas à fond; les professionnels seuls de la diplomatie et de la politique savent exactement à quoi s'en tenir sur ce litige international; les autres ont simplement entendu dire que la Grande-Bretagne conteste à la France certains droits de pêche sur une partie du rivage de Terre-Neuve, leur connaissance des faits se borne là : ils ignorent la signification précise du mot **French-Shore**; *ils ne se doutent pas à quel point les traités nous autorisent à considérer ce rivage comme français; ils ne savent pas davantage combien sont peu fondées les réclamations de l'Angleterre et de sa colonie; bref, la question ne leur a jamais été exposée que de la façon la plus insuffisante, par des articles de journaux ou de brèves discussions au Parlement.*

L'étude que nous entreprenons a pour but, précisément, de porter la lumière sur ces points restés obscurs. Il nous a paru que ce serait là faire œuvre de patriotisme, le maintien de nos privilèges à Terre-Neuve présentant pour la France, et en particulier pour la Bretagne, un intérêt capital.

C'est de nos côtes bretonnes, en effet, que partent la plus grande partie des navires à destination du French-Shore. C'est à des armateurs bretons qu'appartiennent la plupart des homarderies françaises de Terre-Neuve. C'est donc en Bretagne, plus qu'en tout autre pays de France, que retentit avec plus de force chaque année ce cri de détresse : « Sauvons nos droits à Terre-Neuve ! » Nous osons espérer, en conséquence, que nos concitoyens bretons feront un accueil bienveillant aux pages qui suivent.

Dans le cas où l'on s'étonnerait de leur publication à un moment où Terre-Neuve ne semble pas faire partie de l'ordre du jour et où les Chambres françaises gardent le silence sur cette question de notre politique extérieure, la réponse sera bien simple.

En effet, à part nos populations maritimes de l'Ouest, qui ont tant souffert et souffrent tant encore de notre situation sur les côtes de Terre-Neuve, la France s'inquiète peu de savoir si ses droits sont suffisamment affirmés et protégés sur le French-Shore. Mais c'est précisément à cette indifférence que nous voulons nous attaquer. C'est aussi contre l'apathie de notre Parlement qu'il importe de réagir. Si, jusqu'à présent, la question de Terre-Neuve n'a guère été d'actualité, il faut qu'elle le soit désormais ! Ah ! ce n'est pas aux Anglais qu'on peut faire ce reproche de réserver toute leur sollicitude pour les difficultés de politique intérieure, et de n'examiner ce qui se passe au dehors que sous la pression d'événements graves. Nos voisins d'Outre-Manche sont autrement plus pratiques. Tandis qu'ici nous nous épuisons en luttes stériles, en discussions vaines, on ne se que-

celle, de l'autre côté du détroit, qu'en vue de la grandeur et de la prospérité de l'Angleterre, et tout récemment encore l'attention de la Chambre des communes était appelée sur le French-Shore, à la grande satisfaction du peuple britannique qui s'intéresse si vivement, au contraire du nôtre, à tous les débats de politique extérieure.

Prenons exemple sur les Anglais, en ce qui concerne ce zèle pour les intérêts de la métropole dans les pays lointains où elle a conquis des droits. Il n'est pas de bon citoyen sans ce souci constant de patriotisme colonial.

La Question de Terre-Neuve

I

Avant le Traité d'Utrecht.

Antérieurement au traité d'Utrecht, l'Angleterre et la France exerçaient d'une façon à peu près égale la souveraineté sur Terre-Neuve. Il serait plus exact de dire : sur les côtes de Terre-Neuve, car à l'une comme à l'autre des deux nations l'intérieur de l'île importait peu. Elles s'étaient donc partagé le rivage et, par suite, le privilège de pêche : les Anglais possédaient la côte est, avec Saint-Jean pour chef-lieu de leur territoire, tandis que les Français s'étaient établis sur les côtes sud, ouest — et nord-est, en partie — avec Plaisance comme centre de leurs opérations.

En 1708, nous occupâmes Saint-Jean ; l'île tout entière devint française. Mais cette occupation ne devait durer que six années, jusqu'au traité d'Utrecht, qui porte cette date : 13 mars - 11 avril 1713.

Terre-Neuve allait cesser de n'être, selon l'expression d'un égoïsme bien britannique de Hepple Hart, dans *New-Foundland, past, present and future*, « qu'un navire mouillé près des bancs pour la commodité des pêcheurs anglais » ; l'île entière et les îles adjacentes, intérieur aussi bien que littoral, devenaient l'absolue propriété de la Grande-Bretagne, et, en même temps, l'ère des difficultés allait s'ouvrir.

II

Le Traité d'Utrecht.

Il faut citer en entier cet article 13 du traité d'Utrecht, car sa lecture seule suffit encore aujourd'hui pour démontrer le bien-fondé de nos réclamations et combien sont injustes les chicanes que suscitent les Anglais depuis bientôt deux siècles.

(Traité de paix et d'amitié, conclu à Utrecht, le 13 mars-11 avril 1713, entre la France et la Grande-Bretagne, art. 13.)

« L'isle de Terre-Neuve avec les isles adjacentes appartiendront désormais absolument à la Grande-Bretagne, et à cette fin le Roy Très Chrétien fera remettre à ceux qui se trouveront à ce commis en ce païs-là, dans l'espace de 7 mois à compter du jour de l'échange des ratifications de ce traité, ou plus tôt si faire se peut, la ville et le fort de Plaisance et autres lieux que les Français pourraient encore posséder dans la dite isle, sans que le dit Roy Très Chrétien, ses héritiers et successeurs, ou quelques-uns de ses sujets, puissent désormais prétendre quoi que ce soit, et en quelque temps que ce soit, sur la dite isle et les isles adjacentes, en tout ou en partie. Il ne leur sera pas permis non plus d'y fortifier aucun lieu, ni d'y établir aucune habitation en façon quelconque, *si ce n'est des échafauds et cabanes nécessaires et usités pour sécher le poisson*, ni aborder dans la dite isle dans d'autre temps que *celui qui est propre pour pêcher et nécessaire pour sécher le poisson*. Dans la dite isle, il ne sera pas permis aux dits sujets de la France de pêcher et de sécher le poisson en aucune partie que *depuis le lieu appelé Cap de Bona-Vista, jusqu'à l'extrémité septentrionale de la dite isle : et de là en suivant la partie occidentale jusqu'au lieu appelé Pointe-Riche*. Mais l'isle dite Cap-Breton, et toutes les autres quelconques, situées dans l'embouchure et dans le golfe de Saint-Laurent, demeureront à l'avenir à la France, avec l'entière faculté au Roy Très Chrétien d'y fortifier une ou plusieurs places. »

Comme on le voit, si nous abandonnions nos possessions dans l'Ile, si nous cédions une partie de nos droits sur la côte, nous nous réservions du moins, d'une façon expresse, la faculté de prendre et de pêcher le poisson sur tout le littoral allant « depuis le cap de Bona-Vista jusqu'à l'extrémité septentrionale de l'Ile, et, de là, en suivant la partie occidentale, jusqu'au lieu appelé Pointe-Riche ».

On ne saurait trop conserver présents à la mémoire les termes de cet article 13 ; il est nécessaire de se souvenir, en tous cas, que s'il limitait notre droit de pêche, il le laissait *absolu et sans réserve aucune* sur l'étendue de côte précitée, et qu'en ce qui concerne l'espèce de poisson à pêcher nulle restriction n'était faite à notre désavantage.

III

Du Traité d'Utrecht au Traité de Paris.

Le traité signé, les pêcheurs français continuèrent d'exercer leur industrie, sur le littoral dont nous avions gardé la jouissance, dans les conditions indiquées par l'ordonnance de 1681 sur la marine.

Nous empruntons ici d'intéressants détails sur les armements pour Terre-Neuve à l'excellent ouvrage de M. E. Daubigny : *Choiseul et la France d'Outre-Mer après le traité de Paris, avec un appendice sur la question de Terre-Neuve* (Paris, Hachette, 1892).

« Les armements étaient et sont encore de deux sortes : les armements pour les grands bancs et les armements pour la côte avec sécherie à terre. Ces derniers avaient besoin d'une réglementation spéciale pour déterminer l'ordre d'occupation des havres de pêche, prévenir les compétitions et assurer la libre jouissance des places. C'était le but de l'ordonnance de 1681, dont les dispositions n'avaient d'ailleurs pas été dictées par l'arbitraire : elles n'étaient que la codification des usages des pêcheurs bretons qui, de leur propre initiative et pour faire cesser de fréquentes contestations sur le choix des havres, étaient convenus entre eux d'un règlement homologué au Parlement de Rennes, le 31 mars de l'année 1640. —

« Aux termes de ces règlements celui des capitaines de navire qui arrivait le premier à la côte recevait le titre « d'amiral de la pêche » ; il devait jeter l'ancre dans la baie du Petit-Maître, en un endroit nommé « le Crocq ». Il y hissait son enseigne, choisissait aux environs la place qu'il jugeait à propos avec l'étendue de plage nécessaire aux sècheries et en rapport avec le nombre d'hommes dont se composait son équipage. Puis il était tenu d'installer au Crocq un tableau sur lequel il inscrivait la date de son arrivée et le nom du havre qu'il avait choisi. Les autres maîtres de navires faisaient sur le tableau les mêmes déclarations suivant l'ordre de leur arrivée. Chacun s'emparait alors de l'échafaud et des cabanes qu'il trouvait dans la place qui lui était échue. Il arrivait parfois que le propriétaire qui n'était pas arrivé à temps pour choisir le même havre était obligé d'envoyer chercher les barques, le sel et les instruments de pêche qu'il avait laissés l'année précédente, à vingt ou trente lieues de l'endroit où il se trouvait établi. Mais ce désagrément, qui était comme la punition des retardataires, n'arrivait que rarement, car la pratique tendait à rappeler les pêcheurs à la place qu'ils occupaient d'ordinaire, et dans les établissements délaissés par eux à leur dernière campagne. »

En ce temps-là, nous n'hésitions pas à montrer les dents, chaque fois que les Anglais se permettaient de toucher à nos privilèges. Des sujets de Sa Majesté Britannique se hasardaient-ils dans les eaux françaises, y venaient-ils pêcher la morue, traquer le saumon ? Vite accourait un bâtiment de la marine royale qui mettait bon ordre à cette piraterie et, sans ménagements, expulsait le délinquant. L'ancien régime, n'est-il pas vrai, avait du bon.

Quand survint la guerre de Sept Ans, Terre-Neuve ne fut pas épargnée par les hostilités. Les Anglais occupèrent alors plusieurs de nos havres. Mais le traité de Paris, signé le 10 février 1763 entre la France, l'Espagne et la Grande-Bretagne, ne tarda pas à remettre les choses en l'état, en confirmant l'article 13 du traité d'Utrecht.

IV

Le Traité de Paris.

Voici de quelle façon nos droits étaient à nouveau reconnus, par cet article 5 du traité de Paris :

« *Les sujets de la France auront la liberté de la pêche et de la sécherie sur une partie des côtes de l'île de Terre-Neuve, telle qu'elle est spécifiée par l'article 13 du traité d'Utrecht, lequel article est renouvelé et confirmé par le présent traité* à l'exception de ce qui regarde l'île du Cap-Breton, ainsi que les autres îles et côtes dans l'embouchure et dans le golfe Saint-Laurent. Et Sa Majesté Britannique consent à laisser aux sujets du Roy Très Chrétien la liberté de pêcher dans le golfe Saint-Laurent à condition que les sujets de la France n'exercent ladite pêche qu'à la distance de trois lieues de toutes les côtes de la Grande-Bretagne, soit celles du continent, soit celles des îles situées dans ledit golfe Saint-Laurent.

« Et pour ce qui concerne la pêche sur les côtes de l'île du Cap-Breton, hors dudit golfe, il ne sera permis aux sujets du Roy Très Chrétien d'exercer ladite pêche qu'à la distance de quinze lieues des côtes de l'île du Cap-Breton ; et la pêche sur côtes de la Nouvelle-Écosse ou Acadie et partout ailleurs, hors dudit golfe, restera sur le pied des traités antérieurs. »

Sur le pied des traités antérieurs! La formule ne prêtait à aucun doute et donnait toute satisfaction à la France. Mais, par contre, cet article 5 du traité de Paris était loin de répondre aux désirs des pêcheurs anglais. Après avoir rêvé la possession complète de Terre-Neuve, ils voyaient confirmer la théorie du *French-Shore*, ou rivage complètement acquis aux Français, et, pour de longues années, pour toujours peut-être, ils perdaient tout espoir de se débarrasser de notre *concurrence*.

V

La Théorie de la Pêche concurrente.

Ce mot de *concurrence* fut précisément employé par eux pour légitimer les empiètements que la France eut bientôt à leur reprocher. « Oui, répondit le Cabinet de Londres aux observations de notre Gouvernement, motivées par la prétention qu'affichaient les Anglais de pêcher en même temps que nous sur le littoral réservé à la France par les traités, oui, vous possédez le droit de pêche et de séchage, du cap Bona-Vista à la Pointe-Riche, mais ce droit nous est également acquis. Les clauses d'Utrecht et de Paris ne s'opposent nullement à ce qu'il en soit ainsi, et les pêcheurs anglais sont en conséquence autorisés à vous *faire concurrence* dans les parages maritimes que vous prétendez à tort être exclusivement vôtres. »

Cette prétention de la *pêche concurrente* était émise en violation formelle des traités. Impossible d'imaginer interprétation plus fausse des textes, pourtant bien clairs, par lesquels les négociateurs avaient entendu nous réserver le bénéfice exclusif des opérations de pêche, du cap de Bona-Vista à la Pointe-Riche. Sur quelle phrase, sur quel mot pouvaient-ils s'appuyer pour ériger en principe cette concurrence, pour justifier leurs incursions dans les eaux et sur la côte accordées en jouissance aux Français? Relisez les deux articles cités plus haut et dites si la mauvaise foi du Cabinet de Londres n'était pas manifeste !

M. Daubigny, dans son ouvrage déjà mentionné, fait à ce propos une remarque très juste ! En admettant que l'Angleterre commençât, vers 1755, au début de la guerre de Sept Ans, à hésiter sur l'interprétation de l'article 13 du traité d'Utrecht, elle n'avait, pour éviter tout sujet d'embarras, qu'à s'en tenir au *statu quo ante bellum*. De 1713 à 1755, n'avions-nous pas exercé nos droits dans leur plénitude sur le French-Shore ; n'avions-nous pas été maîtres absolus et incontestés de la partie française du rivage de Terre-Neuve ? Durant cette période, les Anglais s'étaient-ils permis de venir concurrencer nos nationaux ? Avaient-ils, même un seul instant, envisagé la possibilité de cette concurrence ? La réponse à cette dernière question eût été négative, si les Anglais avaient pris la peine de la poser devant leur conscience, et dès lors, l'obligation s'imposait, il faut le répéter, du *statu quo ante bellum*. Mais la diplomatie d'Outre-Manche se garda bien de résoudre le *prétendu* problème d'une façon aussi simple ; elle avait avantage à dénaturer l'esprit des traités : elle le dénatura.

Besogne profondément perfide ! Car les Anglais, tout en sachant fort bien qu'ils allaient contre les intentions des négociateurs et qu'ils donnaient une signification fausse aux événements historiques ayant précédé le traité d'Utrecht, poursuivaient ce but : faire croire que la réserve inscrite dans l'article 13 en faveur de la France n'avait été que l'effet d'une concession bénévole de leur part. La vérité était, au contraire, que la France, en cédant à l'Angleterre la plus grande partie de ses droits sur Terre-Neuve, lui avait *imposé* la dite réserve, lui avait signifié de rester *seule* maîtresse de la côte depuis le cap de Bona-Vista jusqu'à la Pointe-Riche !

VI

Premières Négociations.

Le Cabinet de Londres dut compter avec notre fermeté. Notre ambassadeur à Londres, le comte de Guerchy, recevait, le 11 novembre 1763, les instructions suivantes du duc de Praslin :

« Vous devez donc insister sur le désistement de la prétention de concurrence des Anglais avec les Français sur les côtes entre Bona-Vista et Pointe-Riche, et demander que l'on n'ajoute aucune nouvelle condition pour le temps de quitter la pêche et que les choses restent comme elles ont été stipulées dans l'article 13 du traité d'Utrecht, quant à l'exercice et au temps de la pêche et conformément à l'usage qui s'est pratiqué depuis 1713. En conséquence, vous tâcherez d'engager le ministère britannique à donner des ordres si précis au gouverneur de Terre-Neuve et aux commandants de vaisseaux ou frégates qu'on y enverra, qu'à l'avenir la pêche des Français sur les côtes qui leur sont réservées ne puisse subir aucun trouble ni empêchement.

« D'ailleurs cet objet de la pêche a toujours été considéré de notre part comme si important, que cet article a été la première et la principale condition de la paix ; que la négociation a été longtemps arrêtée et que nous n'aurions pas conclu avec les Anglais si nous n'avions regardé la pêche comme assurée aux Français ; que la conservation de ce droit deviendrait illusoire si le seul terrain qui nous est réservé devenait commun avec les sujets de Sa Majesté Britannique ; que je me suis souvent expliqué avec M. de Bedfort que si les Anglais voulaient rendre notre droit de pêche illusoire, ils altéreraient nécessairement la bonne intelligence que nous désirons maintenir entre les deux nations, attendu que jamais la France ne peut abandonner un intérêt si essentiel. »

Les affaires de la France étaient d'ailleurs en bonnes mains. Ce Guerchy avait une attitude fort résolue, que l'on pourrait donner en exemple à ceux de nos contemporains qui, ayant mission de défendre dans la même question les prérogatives de la France, n'ont pas su ou n'ont pas osé parler et agir avec l'autorité nécessaire. Choiseul aurait pu se dispenser de recommander à Guerchy de « ne rien abandonner de nos droits » ; Guerchy savait prendre de lui-même le ton qui convenait en présence d'interlocuteurs retors et mal disposés à notre égard. Là-dessus nous sommes abondamment renseignés par les documents conservés aux Affaires Étrangères. Aux archives de notre diplomatie on trouve, par exemple, cette communication de Guerchy à lord Halifax :

« Avouez, Milord, que si vous interprétez la lettre du traité d'Utrecht en votre faveur, vous ne pouvez au moins disconvenir que le sens est pour nous, puisque, si les ministres plénipotentiaires qui l'ont rédigé avaient voulu établir une concurrence entre les deux nations, ils seraient en même temps convenus du *quomodo* ; car la pêche se faisait pour lors comme aujourd'hui, et vous voyez l'embarras où nous sommes pour prendre les mesures nécessaires à cet objet ; au lieu de cela les Français y ont toujours pêché seuls. Quelle preuve plus évidente peut-on avoir que c'était l'intention des deux puissances contractantes ? »

Guerchy va même jusqu'à la menace : « S'il arrivait que

les Français manquassent encore leur pêche cette année, nous serions pour lors fondés, après avoir épuisé en vain tous les moyens de conciliation et de complaisance, d'en employer d'autres. » Et encore : « Quoique je ne puisse pas disconvenir, dit-il, que la France n'était pas encore remise des fatigues de la dernière guerre, je croyais que le Roi ne balancerait pas à la recommencer avec un aussi juste motif. »

Qu'est-ce que demandait Guerchy ? Qu'est-ce que demanda après lui le comte du Châtelet, ambassadeur à Londres ? Le droit à la pêche exclusive sur le French-Shore, nous le répétons ; en outre, des indemnités pour incendie de bateaux français et déprédations sur notre territoire ; la liberté de couper du bois à l'effet de bâtir des « échafauds » ; enfin, la faculté de faire durer la pêche jusqu'au 10 octobre, tandis que les Anglais, par une interprétation bien singulière d'un article qui n'avait point limité la durée de notre occupation annuelle, entendaient que nous nous réembarquions pour la France dès le 10 septembre ! Aux observations des ambassadeurs, aux mémoires où les armateurs Magon et Bretel, de Saint-Malo et de Granville, avaient consigné les griefs des armateurs, la diplomatie britannique, temporisant, rusant, déplaçant la question, opposa de successives fins de non-recevoir.

VII

Le Traité de Versailles et la Déclaration du Roi Georges.

Suivant le traité de Versailles (3 septembre 1783), dont l'article 5 était ainsi conçu :

« Sa Majesté le Roy Très Chrétien, pour prévenir les querelles qui ont eu lieu jusqu'à présent entre les deux nations française et anglaise, consent à renoncer au droit de pêche qui lui appartient, en vertu de l'article 13 sus-mentionné du traité d'Utrecht, depuis le cap de Bona-Vista jusqu'au cap Saint-Jean, situé sur la côte orientale de Terre-Neuve, par les 50 degrés de latitude septentrionale. Et Sa Majesté le roi de la Grande-Bretagne consent de son côté que la pêche assignée aux sujets de Sa Majesté Très Chrétienne commençant au dit cap Saint-Jean, passant par le nord et descendant par la côte occidentale de Terre-Neuve, s'étende jusqu'à l'endroit appelé cap Raye, situé au 47° 50' de latitude. Les pêcheurs français jouiront de la pêche qui leur est assignée par le présent article comme ils ont eu droit de jouir de celle qui leur est assignée par le traité d'Utrecht. »

Une « Déclaration » annexée au traité de Versailles ajoutait :

« Sa Majesté Britannique prendra les mesures les plus positives pour prévenir que ses sujets ne troublent en aucune manière, par la CONCURRENCE, la pêche des Français » et « Sa Majesté donnera des ordres pour que les Français ne soient pas gênés dans la coupe des bois nécessaires pour la réparation de leurs échafaudages, cabanes et bâtiments de pêche. » La même « Déclaration » disait encore : « L'article 13 du traité d'Utrecht et la méthode de faire la pêche qui a été de tout temps reconnue, sera le modèle sur lequel la pêche s'y fera. »

Dira-t-on que le traité de Versailles modifiait notre situation vis-à-vis de l'Angleterre? Évidemment non. Il nous enlevait, il est vrai, toute la partie de la côte orientale comprise entre le cap de Bona-Vista et le cap Saint-Jean, mais, en revanche, il prolongeait nos droits, sur la côte occidentale, jusqu'au cap Raye. Loin de porter atteinte à nos prérogatives, il les confirmait par cette dernière phrase : « Les pêcheurs français jouiront de la pêche qui leur est assignée par le présent article, comme ils ont eu droit de jouir de celle qui leur est assignée par le traité d'Utrecht. »

Ainsi donc, trois traités successifs, en moins de cent ans, repoussaient la concurrence, et spécifiant notre droit de « pêcher et sécher le poisson », nous autorisaient par là même à pratiquer cette pêche aussi bien sur le saumon, le homard et le hareng que sur la morue, et, conséquemment encore, à nous approvisionner de boëtte sur les lieux de pêche.

VIII

Les Deux Traités de Paris.

L'EXERCICE de nos privilèges continua d'être troublé pendant la Révolution et les guerres de l'Empire. Mais, le 30 mai 1814, l'article 13 du traité de Paris, conclu entre la France, l'Autriche, la Russie, la Grande-Bretagne et la Prusse, nous donnait pour la quatrième fois une satisfaction officielle : « Quant au droit de pêche des Français sur le grand banc de Terre-Neuve, sur les côtes de l'île de ce nom et des îles adjacentes, et dans le golfe de Saint-Laurent, tout sera remis sur le même pied qu'en 1792. »

Un cinquième traité, également signé à Paris, le 20 novembre 1815, entre les alliés et la France, stipulait, dans son article 11, la confirmation et le maintien des dispositions concernant, dans les traités antérieurs, notre pêche à Terre-Neuve.

IX

De 1822 à 1883. Commencement des Hostilités terre-neuviennes.

Le 12 août 1822, sir Georges Hamilton, gouverneur de Terre-Neuve, fait paraître une Proclamation dans laquelle, considérant « que des déprédations avaient été commises par des sujets Anglais au préjudice de Français », il rappelle « que les sujets de Sa Majesté Très Chrétienne doivent avoir pleine et entière jouissance de la pêche dans les limites et bornes ci-dessus énoncées pour en faire usage ainsi qu'ils y sont autorisés par le traité d'Utrecht. »

A cette fin il enjoint aux officiers, magistrats et fonctionnaires, « de donner des ordres dans leurs divers services et dans les limites de leur compétence respective pour qu'aucun trouble ou empêchement ne soit apporté, sous quelque prétexte que ce puisse être, à l'exploitation de la dite pêche par les sujets français. »

Cette Déclaration, dont on ne peut que louer l'esprit et les termes, est exceptionnelle dans les annales des autorités de Terre-Neuve. On verra plus loin, en effet, que l'exemple de sir Hamilton ne fut guère suivi par les Assemblées législatives de l'île, et qu'au contraire, manifestant à notre égard des intentions nettement hostiles, elles refusèrent avec empressement leur sanction à des conventions intervenues entre les gouvernements en désaccord.

En voici un premier exemple. Une convention du 14 janvier 1857, relative aux pêcheries de Terre-Neuve, ne put être mise à exécution et dut être considérée comme nulle et non avenue, la législature provinciale de Terre-Neuve n'ayant pas voulu voter la loi nécessaire pour la mise en vigueur de l'arrangement international.

X

La Situation en 1883.

De 1857 à 1883, pas de négociations. En 1883, les deux Cabinets recommencent à correspondre au sujet de Terre-Neuve. Lord Lyons, ambassadeur à Paris, déclare à M. Challemel-Lacour, ministre des Affaires étrangères, que son Gouvernement désire « assurer aux citoyens français la jouissance la plus complète de leur droit de pêcher et de sécher le poisson », mais il ajoute que le Cabinet de Londres veut, en même temps, « donner satisfaction aux besoins légitimes des habitants » de cette partie du littoral que les traités ont concédée à la France.

A quoi M. Challemel-Lacour répond : « Il doit toutefois être bien entendu que les termes employés par la communication de lord Lyons pour définir l'objet ainsi assigné aux efforts communs des deux Cabinets *n'implique pas entre les droits séculaires consacrés expressément à notre profit par les traités et des intérêts nés postérieurement d'une situation de fait contre laquelle nous avons toujours protesté, une assimilation qui équivaudrait à la négation anticipée du principe même dont il s'agit de régler l'application.* »

Par « ces intérêts nés postérieurement d'une situation de fait contre laquelle nous avons toujours protesté »,

M. Challemel-Lacour entendait parler de l'établissement, contraire aux traités, des Anglais sur la partie des côtes laissée à notre disposition. Nous n'avions pas, et nous n'avons pas encore à nous préoccuper si la stricte exécution de ces traités est de nature à porter préjudice aux Anglais, en raison de leur installation là où ils n'avaient pas le droit de s'installer. Est-ce de notre faute s'ils ont élevé des constructions, établi des industries sur un littoral qu'ils ne devaient pas occuper, et si cette situation venait à changer du jour au lendemain par suite d'une application loyale des traités, serait-il juste de nous rendre responsables du dommage causé, d'exiger de nous des indemnités destinées à compenser un abandon de territoire consenti à notre profit ?

Supposez un particulier ayant réussi, en raison de circonstances spéciales, à faire bâtir une maison sur un terrain appartenant à son voisin. Le jour où ce voisin, ayant enfin fait reconnaître ses droits, rentrera en possession de son terrain, croyez-vous qu'il sera tenu, après avoir fait abattre la construction élevée indûment, de dédommager celui qui l'a fait bâtir, même de prendre à son compte les frais de démolition ?

XI

L'Arrangement de 1884.

Le 26 avril 1884, un arrangement, aux fins de régler les diverses questions se rapportant à l'affaire des pêcheries de Terre-Neuve, est signé à Paris, par MM. Francis Clare Ford, envoyé extraordinaire et ministre plénipotentiaire de la Grande-Bretagne à Athènes, et Edmond B. Pennel, fonctionnaire du *Colonial office*, délégués du Cabinet de Londres, et par M. Jagerschmidt, ministre plénipotentiaire, et le capitaine de vaisseau Bigrel, commandant de la station navale de Terre-Neuve, représentants de la France.

La mise en vigueur de cet arrangement était subordonnée à sa ratification par le Parlement de Terre-Neuve. Le dit Parlement fit savoir, à Londres, qu'il désirait que certaines modifications y fussent apportées. Il eût mieux fait de déclarer tout de suite et nettement qu'aucune convention ne le satisferait jamais puisqu'il ne devait pas ratifier davantage l'arrangement du 14 novembre 1885, modifié cependant dans le sens qu'il avait indiqué.

XII

Les instructions aux Officiers de marine.

Mais, en attendant que les délégués des deux nations se fussent prononcés sur les exigences de la législature terre-neuvienne, les Gouvernements de la France et de l'Angleterre donnèrent, chacun de son côté, aux officiers de marine en service sur la côte de Terre-Neuve, des « Instructions » spéciales, conformes à l'esprit de l'arrangement de 1881 et destinées à établir une unité de vues favorable à la solution des difficultés qui pourraient surgir.

Voici, par exemple, ce que mandait l'Amirauté britannique au commandant de la station navale de Terre-Neuve : « Dans toutes les questions douteuses qui ont pu s'élever à un moment ou à un autre au sujet de l'interprétation exacte des droits de pêche accordés à la France sur les parties de la côte de Terre-Neuve spécifiées dans les stipulations ci-dessus mentionnées, *vous aurez grand soin de faire respecter les droits incontestés des Français, et d'empêcher qu'il ne soit porté atteinte à la libre jouissance de leurs droits par les pêcheurs anglais.* »

En ces années 1881 et 1885, les documents diplomatiques témoignent du zèle que met la marine britannique à favoriser notre pêche. C'est ainsi que le capitaine de vaisseau Bigrel, commandant la station de Terre-Neuve, le même qui signera l'arrangement de 1885 après avoir signé celui de 1881, peut écrire le 5 août 1881, à l'amiral Peyron, ministre de la Marine : « Les croiseurs anglais montrent le plus grand empressement à prévenir, de la part des goélettes terre-neuviennes, tout trouble ou empêchement aux opérations de nos pêcheurs ; les bâtiments de la station française n'ont eu à intervenir, sous ce rapport, que pour transmetttre les réclamations de nos nationaux, réclamations auxquelles, tout au contraire de ce qui se passait les années précédentes, il a toujours été fait droit immédiatement. »

Mais le commandant Bigrel ajoute, et rien ne montre mieux la mauvaise volonté à notre égard des habitants de Terre-Neuve : « Je n'ai eu aucune information au sujet de l'accueil fait à l'arrangement par les autorités de Saint-Jean. Bien que MM. Ford et Pennell aient quitté la colonie depuis le 16 juillet, les termes de la convention qu'ils venaient recommander n'ont pas encore été publiés, et sa teneur me paraît ignorée même des personnes qui font état de s'occuper spécialement de ces questions. C'est à peine si les journaux de Saint-Jean y font allusion dans leurs colonnes. »

XIII

L'Arrangement de 1885. Les principales Clauses. — La Colonie le rejette.

Il n'y a pas à s'étonner, après cela, si la législature de Terre-Neuve, non contente de repousser l'arrangement du 14 novembre 1885, suscite un nouvel obstacle à l'exercice de nos droits par le vote d'une loi sur l'exportation et la vente de la boëtte. Comment! Voilà une colonie qui, cinq mois après la signature de l'arrangement soumis à sa ratification, n'a pas encore trouvé le temps d'étudier cette convention, d'en examiner les termes, de vérifier s'ils sont en harmonie avec les intérêts majeurs qu'elle prétend vouloir sauvegarder! Est-ce de la bonne foi? Est-ce ainsi que doit agir une colonie loyale, soucieuse du droit et de la justice, désireuse de voir intervenir enfin la solution qui mettra l'accord entre deux grands pays?

Nous n'étions pourtant pas exigeants à l'excès. Nous avions accepté qu'à l'arrangement du 26 avril 1884 fussent apportées des modifications ayant pour but : 1° d'accorder aux Anglais certaines facilités pour l'exploitation des mines qui pourraient être découvertes dans le voisinage des baies, où l'arrangement précité ne permettait pas aux Anglais d'installer des constructions pour ces sortes d'exploitations; —

2° de limiter le nombre des gardiens français susceptibles d'être affectés à la protection de nos établissements pendant l'hiver.

Ces modifications firent l'objet de deux articles nouveaux que l'on inséra dans l'arrangement du 14 novembre 1885.

L'article premier de cet accord était ainsi conçu : « Le Gouvernement de Sa Majesté la reine du Royaume-Uni de Grande-Bretagne et d'Irlande s'engage à se conformer aux dispositions ci-après pour assurer aux pêcheurs français, *en exécution des traités en vigueur et particulièrement de la déclaration de 1783, le libre exercice de leur industrie sur les côtes de Terre-Neuve, sans gêne ou obstacle quelconque de la part des sujets britanniques.* »

Dans l'article II, nous nous engagions « à n'élever aucune protestation contre la création des établissements nécessaires au développement de toute industrie autre que celle des pêcheries, sur certaines parties de la côte comprises entre le cap Saint-Jean et le cap Raye ». (Ces « certaines parties » figuraient sur une carte annexée à l'arrangement, teintées en rouge, et ne figuraient pas, par contre, dans un état, également en annexe, qui comprenait les portions de territoire auxquelles ne devait point s'appliquer ce premier paragraphe de l'article II.) Dans le second paragraphe du même article, nous nous engagions encore « à ne pas inquiéter les sujets anglais résidents, à l'égard des constructions actuellement établies sur le littoral compris entre le cap Saint-Jean et le cap Raye », mais il était entendu, en même temps, qu'il ne serait point élevé de nouvelles constructions sur les parties du littoral comprises dans l'état mentionné au premier paragraphe.

D'après l'article IV, nous conservions, « dans sa plénitude, sur toutes les parties de la côte comprises entre le cap Saint-Jean et le cap Raye, et tel qu'il est défini par les traités, le droit de pêcher, sécher, préparer le poisson, etc..., ainsi que celui de couper, partout ailleurs que dans les propriétés closes, le bois nécessaire pour les échafaudages, cabanes et bâtiments de pêche. »

Quant à la surveillance de la pêche, elle devait être exercée par des bâtiments de la marine militaire des deux pays, les commandants des croiseurs étant compétents « pour constater toutes les infractions aux traités actuellement en vigueur et notamment à la déclaration de 1783, aux termes de laquelle les sujets britanniques *ne doivent troubler en aucune manière, par leur concurrence, la pêche des Français pendant l'exercice temporaire qui leur est accordé sur les côtes de Terre-Neuve.* »

Enfin, nous avions le droit « d'acheter la boëtte, hareng et capelan, à terre ou à la mer, dans les parages de Terre-Neuve, sans droits ni entraves quelconques, postérieurement au cinquième jour d'avril de chaque année jusqu'à la fin de la saison de la pêche. »

Il convenait d'insister sur cet arrangement du 14 novembre 1885, et d'en signaler les principales clauses, bien qu'il ait été repoussé par le Parlement de Terre-Neuve. C'est en effet la dernière fois que, dans ces affaires de Terre-Neuve, les documents diplomatiques nous donnent un texte officiel rédigé d'accord par des délégués des deux nations et pouvant solutionner les questions en litige. De 1885 à nos jours, plus d'accord, plus d'arrangement, plus de convention : simplement des instructions spéciales au début de chaque campagne de pêche et, à partir de 1890, l'établissement d'un *modus vivendi* qui n'a pas encore fait place à un accord définitif.

Le 18 mai 1886, M. Riballier des Isles, vice-consul de France à Terre-Neuve, écrivait à M. de Freycinet, président du Conseil : « Le bill sur la boëtte, en ce moment à l'étude, et qui, s'il recevait l'approbation de la Couronne, aurait pour effet de priver de boëtte nos pêcheries à partir de l'année prochaine, vise directement l'article 17 de l'arrangement (article nous reconnaissant le droit d'acheter la boëtte ; il n'est donc plus permis de se méprendre sur les intentions de la législature à l'égard de la convention du 14 novembre 1885. »

Et, en effet, non seulement l'arrangement n'est pas accepté, mais la loi sur la boëtte est votée. A dater de ce moment, la question des pêcheries va se compliquer à l'infini. L'application de la loi interdisant la vente de la boëtte, les affaires des homarderies, des saumoneries, les incidents Shearer, Thubé-Lourmaud, etc... les saisies opérées par les bâtiments de guerre des deux nations, toutes ces difficultés augmentant d'année en année créent une situation inextricable dans laquelle nous ne savons pas montrer l'énergie nécessaire pour faire respecter nos droits — toujours les mêmes depuis le traité d'Utrecht, — et où il n'est pas téméraire de prétendre que se complaît le Cabinet de Londres, dont, en somme, la mauvaise volonté du Parlement de Saint-Jean fait le jeu.

Essayons pourtant de nous reconnaître dans ce dédale de faits, chronologiquement relatés aux livres Jaunes qu'a publiés le ministère des Affaires étrangères.

XIV

La Loi sur la Boëtte.

Tout d'abord la loi sur la boëtte et ses conséquences.

En la votant, le Parlement de Terre-Neuve usait des droits que lui confère le *self-government*. Mais, pour qu'elle entrât en vigueur, encore fallait-il l'approbation du pouvoir central. A ce propos, notre ambassadeur à Londres, M. Waddington, interroge lord Salisbury. Lord Salisbury lui répond que, depuis la signature de l'arrangement de 1885, les circonstances ont changé, que la pêcherie anglaise de Terre-Neuve est écrasée par notre système de primes, et qu'à son avis la libre vente de la boëtte est *une question sur laquelle on peut discuter*.

Il faut admirer l'élasticité et le vague de ces termes. Que veut exactement dire lord Salisbury, sinon que, dans cette question, il y a du pour et du contre, et qu'en définitive, c'est peut-être la colonie qui a raison. Soit, mais alors, pourquoi le Gouvernement anglais, moins de deux années auparavant, a-t-il, en approuvant l'arrangement du 14 novembre 1885, proclamé notre droit « *d'acheter la boëtte, hareng et capelan, à terre ou à la mer, dans les parages de Terre-Neuve, sans droits ni entraves quelconques, postérieurement au cinquième jour d'avril de chaque année jusqu'à la fin de la saison de la pêche* » ? Un gouvernement a une opinion ou n'en a pas : quand il en a une, il doit l'imposer à ses colonies, et, dans le cas même où il ne pourrait l'imposer, son honneur ne perdrait rien, au point de vue international, à faire cette déclaration d'impuissance en maintenant néanmoins sa façon de penser.

M. Waddington ne tient pas ce raisonnement à lord Salisbury, mais il ne peut s'empêcher de lui témoigner son profond regret de ce qu'il puisse exister « même un doute dans son esprit sur les engagements pris par le Gouvernement anglais et renouvelés plusieurs fois, au sujet de la liberté du commerce de la boëtte ». Notre ambassadeur aurait pu, sans aucune difficulté, préciser la nature de ces engagements, et citer les nombreux hommes d'État qui les avaient souscrits. Il n'avait que l'embarras du choix. Rappelons, notamment, les assurances formelles données, en 1863, par le duc de Newcastle, et postérieurement, les promesses non moins formelles de lord Grandville et de lord Roseberry.

Le Gouvernement anglais, quelque envie secrète qu'il eût de penser sur le commerce de la boëtte comme le Parlement de Terre-Neuve, ne pouvait cependant, décemment, approuver un changement aussi subit au régime jusque-là en vigueur. Il décidait, en effet, au début de 1887, que rien ne serait modifié pour la campagne de pêche de cette année-là.

XV

Nouvelle Loi sur la Boëtte.

A peine cette décision avait-elle été prise, qu'un nouveau bill relatif à l'exportation de la boëtte était voté par la législature terre-neuvienne (21 février 1887). Lord Salisbury déclarait de nouveau qu'aucune modification immédiate ne serait apportée au *statu quo*, ce second bill ne pouvant, selon ses expressions, « avoir force de loi sans l'approbation du pouvoir central ». Cette approbation, d'ailleurs, ne se fit attendre que huit mois.

Le 19 octobre 1887, lord Salisbury nous informait que l'acte passé par le Parlement de Terre-Neuve en vue de réglementer l'exportation et la vente du hareng, du capelan, de l'encornet et de tout autre poisson servant d'appât, venant de recevoir la sanction royale, entrerait en vigueur à la prochaine saison de pêche, conformément aux intentions du Gouvernement de la colonie. Il ajoutait que « l'autorisation serait librement accordée aux sujets britanniques de prendre la boëtte et de la vendre sur place, dans cette partie de la côte de Terre-Neuve sur laquelle s'étendent les droits reconnus aux Français par les traités, mais qu'il leur serait interdit de se livrer à l'exportation de la boëtte soit à Saint-Pierre, soit ailleurs. »

Il ne faut point lire cela à la légère. La notification de lord Salisbury était, en effet, une véritable négation du privilège que nous garantissent les traités. Elle consacrait sans restriction le droit de résidence et de pêche des sujets anglais sur notre côte, droit toujours contesté par la France. Nous l'avons déjà dit plus haut : sur le French-Shore, et dans la période pendant laquelle nous avons la jouissance, aucune *concurrence* ne peut nous être faite, partout où nos pêcheurs se présentent ; tout occupant, quel qu'il soit, doit nous céder la place.

XVI

Les Observations de la France. Manque d'énergie.

M. Flourens, ministre des Affaires étrangères, fit faire des observations dans ce sens au Cabinet de Londres et représenter à lord Salisbury que le Gouvernement colonial de Terre-Neuve ne pouvait être autorisé à entraver ou même modifier des actes internationaux. Observations et représentations vaines!

Devant ce mauvais vouloir d'un Cabinet qui, manifestement, ne tentait rien pour couper court à l'hostilité grandissante de sa colonie à notre égard — qui, peut-être même, en secret, s'en réjouissait — il eût été nécessaire de faire entendre des paroles plus nettes et plus énergiques. Si ces affaires de Terre-Neuve deviennent insolubles, la faute en est, certes, au Gouvernement britannique, qui n'a pas cessé d'empiéter sur nos droits; mais quelle n'est pas la responsabilité de nos ministres, pour avoir toujours reculé devant nos adversaires? Car c'était bien reculer que de se contenter de cette réponse de lord Salisbury : « Aux termes de la section II de l'acte sur la Boëtte, les droits assurés aux Français ont été soigneusement garantis. » Or, que disait cette section II : « Aucune atteinte ne sera portée, par la présente loi, aux droits et privilèges accordés, par traités, aux sujets de tout État entretenant des relations d'amitié avec Sa Majesté. » Si, réellement, les Anglais ne voulaient porter « aucune atteinte » à nos droits, auraient-ils, en cette année 1887, maintenu la théorie de la pêche concurrente, auraient-ils mis tant d'obstacles à la vente de la boëtte ?

XVII

Troisième Loi sur la Boëtte. — Animosité grandissante. Les Commissaires spéciaux.

Le 1er juin 1889, la législature terre-neuvienne se livrait à une nouvelle fantaisie sur le même sujet. Elle rendait plus rigoureuses encore les dispositions régissant la capture et le commerce de la boëtte et donnait ainsi de nouvelles marques de son esprit d'hostilité. Même, dans son désir d'aggraver les difficultés déjà existantes, elle allait jusqu'à instituer des dispositions contraires au caractère de la législation anglaise tout entière.

L'article 12 du nouvel acte, par exemple, mettait à la charge du prévenu le soin de prouver qu'il n'est pas coupable, alors qu'il appartient, au contraire, aux accusateurs de prouver leurs dires et non aux défenseurs de montrer leur innocence. Quelle ne devait pas être l'animosité des Terre-Neuviens contre nos pêcheurs pour les amener à formuler de pareils contresens juridiques ?

L'article 13 accordait au gouverneur de la colonie le pouvoir de nommer des commissaires spéciaux revêtus des mêmes prérogatives que les commandants des bâtiments de guerre, c'est-à-dire compétents pour exercer une véritable police sur la pêche. Rien de plus arbitraire que cette disposition imprévue, et rien de plus contraire à l'arrangement international de 1885, lequel, à ce point de vue spécial des infractions à constater et à punir, partageait la compétence entre les officiers des deux marines.

Enfin le nouveau bill ne faisait aucune mention, à dessein, de la limite de la mer territoriale comme marquant le point au delà duquel nulle visite ne pouvait être faite par les commissaires sus-désignés.

Une fois de plus, tout se borna à des représentations platoniques de la part du Gouvernement français, et nous ne parlâmes pas plus haut sur la question de la boëtte que sur celle des homarderies.

XVIII

Les Homarderies.

La question des homarderies et de la pêche du homard s'engage avant le commencement de la campagne de 1886. Rappelons tout d'abord que les traités ne limitent nos droits sur le French-Shore que quant à la durée et à la saison, et non quant aux espèces de poisson et au mode de pêche. Il nous est donc parfaitement loisible de pratiquer, quoi qu'en disent les Anglais, la pêche du homard dans les mêmes conditions que la pêche de la morue.

Au mois de mars 1886, divers armateurs et négociants français sollicitèrent la concession de baies sur le French-Shore pour s'y livrer à la pêche et à la préparation du homard. Deux d'entre eux eurent le tort de dépasser, dans l'organisation de leur exploitation, les limites entre lesquelles il avait été convenu qu'ils devaient se renfermer, et d'élever des constructions solides (*substantial building*), alors que les traités n'autorisent que l'établissement « d'échafauds et de cabanes », d'un caractère provisoire. Observations du Gouvernement de Terre-Neuve, beaucoup plus justifiées que toutes celles qu'il nous avait adressées jusque-là et qu'il devait nous adresser par la suite. Il y est fait droit ; les deux négociants français sont invités à se conformer aux obligations résultant des traités. Mais, en même temps que le chef de notre station navale rend compte des pourparlers qu'il a engagés à ce sujet avec nos nationaux, il signale l'existence de sept usines anglaises à homard sur le French-Shore. L'année précédente, les sujets britanniques n'exploitaient que trois usines de ce genre sur la partie de la côte réservée à notre pêche. En moins de douze mois, on le voit, les homarderies avaient poussé!

Un tel état de choses devait disparaître au plus tôt, pour deux motifs : d'abord, parce qu'il constituait un empêchement au libre choix que les pêcheurs français sont en droit de faire du lieu où il peut leur convenir d'exercer leur industrie, et ensuite parce que les homarderies menaçaient de ruiner à jamais les baies et parages dans lesquels elles étaient situées. En effet, ces établissements, pêchant en tout temps, prenant les homards de toute taille, à écorce molle ou dure, et rejetant à la mer les détritus, ne tardent pas à empoisonner les fonds dans leur voisinage, et, par conséquent, à détruire des richesses réservées à nos nationaux par les traités. Le commandant de notre station navale poussait donc un cri d'alarme justifié quand il affirmait que sur toutes les parties de notre côte, où les Anglais avaient installé des usines puissamment armées, la production en homards deviendrait nulle au bout de deux ans.

La réponse du Cabinet britannique à nos représentations sur ce point montre bien qu'il n'éprouve aucun désir de nous satisfaire. Nous avions désapprouvé les constructions permanentes élevées par des sujets français; les Anglais nous devaient une politesse du même genre... Nous l'attendons encore!

Leur Gouvernement s'avisa, pour ne pas nous répondre franchement, de s'appuyer sur une prétendue déclaration du capitaine de vaisseau Devarenne, d'après laquelle il aurait été admis, au cours d'une conversation entre ce commandant de notre station navale et le capitaine

Kennedy, du navire de guerre anglais *Druid*, que les homarderies, « qui paraissent avoir été établies du plein consentement du consul de France, ne gênaient et ne dérangeaient en rien les pêcheries françaises ».

Cette déclaration était imaginaire et les recherches faites pour la contrôler permirent de constater qu'au contraire le commandant Devarenne n'avait pas manqué de protester à l'époque contre l'installation des usines anglaises sur le littoral réservé. De plus, aux archives du consulat, on ne trouva, et pour cause, aucune trace du « consentement » qu'au dire des Anglais le représentant des Affaires étrangères à Terre-Neuve aurait accordé aux propriétaires d'usines.

Le Cabinet britannique s'avisa, en outre, d'établir une distinction entre les usines créées antérieurement à l'arrangement provisoire de 1885 et celles dont la construction aurait été postérieure à cet acte : à ces dernières seules, d'après lui, il convenait d'appliquer les prescriptions des traités! L'étonnement fut grand : ainsi donc, les Anglais qui, le lecteur se le rappelle, s'étaient empressés à plusieurs reprises de présenter comme nulle et non avenue la convention de 1885, réclamaient subitement, du moment qu'ils y avaient intérêt, le bénéfice d'une des stipulations de la dite convention. Ces procédés sont de l'histoire ; les documents diplomatiques en font foi, et cependant, ils sont d'une perfidie tellement invraisemblable qu'on hésite à y croire!

Les années 1887, 1888 se passent, et les réponses dilatoires continuent. Les Anglais discutent sur des mots, évitent toute explication précise, et quand on les « serre de près », — par hasard! car le plus souvent, on le voit, nous nous en laissons conter! — *détournent* les entretiens diplomatiques, comme on détourne une conversation privée. Sur la question des homarderies ils gardent le silence, mais ils protestent, pour ne pas paraître embarrassés, contre une parole innocente prononcée par le commandant Humann, de notre station navale. Cet officier aurait dit : « Les emplacements de pêche de l'île et du havre de Keppel étant occupés cette année par nos pêcheurs d'une façon *permanente*... » Tout de suite, le Cabinet britannique infère de cette expression *permanente* que les abords de Keppel ont été exploités par nos nationaux d'une façon contraire aux clauses des traités. Or le commandant Humann n'entendait appliquer l'épithète incriminée qu'à la continuité du séjour de nos pêcheurs à Keppel, continuité en opposition avec l'usage de n'y résider que temporairement, durant les campagnes précédentes, alors qu'ils pêchaient d'après la méthode dite « en défilant le golfe ». Il fallait quelque audace aux Anglais pour nous chercher cette ridicule querelle de mots, car au sujet précisément de l'île et du havre de Keppel, nous avions fortement à nous plaindre d'un sujet britannique nommé Shearer, dont l'usine établie dans ces parages était une gêne continue à nos opérations de pêche. Et c'était de cette manière que les Anglais rendaient hommage à l'esprit de conciliation dont nous venions de faire preuve dans la question des saumoneries !

XIX

Les Saumoneries.

A propos des saumoneries, le Cabinet britannique voulut, comme pour les homarderies, faire revivre, à notre détriment, l'arrangement de 1885.

Par l'article 15 de cet arrangement, nous renoncions à la pêche du saumon dans les cours d'eau et ne nous réservions la pêche de ce poisson qu'en mer et à l'embouchure des rivières jusqu'au point où les eaux sont salées; il nous était en outre interdit d'établir des barrages fixes pouvant empêcher la navigation intérieure ou la circulation du poisson.

L'arrangement n'ayant pas été mis en vigueur, comme il a été expliqué précédemment, il n'y avait pas lieu de se conformer aux dispositions de l'article 15. Mais nos adversaires ne l'entendaient pas ainsi. Ils trouvèrent tout naturel de revendiquer les avantages que leur accordait cet article.

Nous trouvâmes tout naturel également de maintenir intact notre droit exclusif de pêche du saumon, tel que nous l'avions antérieurement exercé, dans les rivières et les saumoneries, aussi bien que sur la côte elle-même. Mais, de même que nous avons toujours faibli sur les autres points en litige, nous devions encore montrer une attitude trop tolérante en cette question des saumoneries. Nos nationaux avaient pour habitude d'établir en rivière des barrages fixes, destinés à retenir le saumon : le Gouvernement français décida qu'à l'avenir on ne devrait se servir dans ce but que de rets mobiles aménagés de façon à permettre la circulation des bateaux.

Pendant ce temps-là, le Gouvernement anglais se gardait bien d'examiner avec équité la moindre de nos réclamations, et nous n'obtenions justice, quand nous l'obtenions, qu'après des atermoiements sans fin. Témoin l'affaire des trappes à morue à laquelle se rattache étroitement l'affaire Besnier et Dupuis-Robial.

XX

Les Trappes à morues.
L'Incident Besnier et Dupuis-Robial.

Le 25 juillet 1884, le commandant du *Crocodile* faisait connaître au ministre de la Marine l'emploi, par les pêcheurs anglais établis indûment dans les havres réservés à notre jouissance, de trappes de grandes dimensions, dans lesquelles ils captaraient des « quantités prodigieuses de morue ».

On mit longtemps à s'apercevoir, à Paris, qu'il importait de sauvegarder notre pêche, ruinée partout où ces engins étaient employés. En effet, ce fut seulement en 1887 que notre Cabinet sollicita du Foreign Office l'interdiction d'engins de nature à troubler et à entraver l'exercice de nos droits. L'incident Besnier et Dupuis-Robial venait d'éclater. Les opérations de pêche de ces armateurs ayant été gravement compromises par suite de l'emploi des trappes à morue, ils firent adresser à l'Angleterre une demande d'indemnité sur le chiffre de laquelle on pouvait ergoter, mais dont le principe était indiscutable. C'était le cas de rappeler les termes de la déclaration de 1783, déjà cités dans cette étude : « Sa Majesté Britannique prendra les mesures les plus positives pour que ses sujets ne troublent en aucune manière, par leur concurrence, la pêche des Français, pendant l'exercice temporaire qui leur est accordé, sur les côtes de l'île de Terre-Neuve. » Sans doute ne furent-ils pas rappelés avec assez de vigueur, puisque, le 21 août 1887, lord Salisbury refusait l'indemnité demandée. Il alléguait que la réclamation des armateurs reposait sur un manque à gagner, et déclarait que l'Administration britannique ne s'était jamais reconnu qu'une seule obligation : celle d'empêcher que des *entraves matérielles* ne fussent mises à la pêche des Français par des pêcheurs anglais. (Qu'étaient les trappes à morues dont l'usage avait lésé les armateurs en cause, sinon des *entraves matérielles*?)

Dans la même lettre, lord Salisbury, envisageant la question des trappes à un point de vue général, s'exprimait de façon fort vague et très peu satisfaisante, donnant à entendre que, là-dessus, comme sur les lois interdisant la vente de la boëtte, « on pouvait discuter », selon l'expression que nous avons commentée plus haut. Comment qualifier l'esprit qui avait inspiré cette réponse, quand on songe qu'à cette époque, nos nationaux, qui, un instant, s'étaient servi des trappes à morues, en avaient abandonné l'emploi, comme néfaste à la pêche des *deux nations*, et que l'action destructrice de ces engins avait soulevé les protestations des résidents britanniques eux-mêmes?

Les négociations au sujet des trappes se poursuivirent pendant plusieurs années. Au mois de juillet 1888, lord Salisbury faisait connaître que les trappes à morues devaient bien, en effet, disparaître de la côte française, en vertu d'une disposition adoptée par le Parlement de Terre-Neuve, mais que leur suppression ne pouvait avoir lieu avant deux ans. Pour une fois où la colonie terre-neuvienne décidait quelque chose en notre faveur, c'était le Gouvernement de la Métropole, à son tour, qui retardait les effets de cette disposition bienveillante. De telles chicanes ne porteraient-elles pas à croire qu'en vertu d'une entente maligne entre l'Angleterre et sa colonie, l'une disait oui quand l'autre disait non, et réciproquement ? Pour n'en pas perdre l'habitude, lord Salisbury terminait sa réponse par une nouvelle réclamation contre nos homarderies, élevées sur le French-Shore conformément aux traités.

Les trappes à morues devaient être supprimées dans deux ans, soit ! Mais, quand ce délai se serait écoulé, le mal aurait eu le temps de s'aggraver grandement. Lord Salisbury ne veut pas se rendre à cette évidence : le délai fixé est *court* et, d'ailleurs, l'interdiction immédiate des trappes aurait pour conséquence fâcheuse de ruiner la population, déjà si pauvre, des pêcheurs anglais de Terre-Neuve. Voilà qui est net : tout pour les Anglais, rien pour les Français ; tant mieux si les premiers s'enrichissent au détriment des seconds !

Comme d'habitude, notre Gouvernement s'abstint de montrer l'indignation qui eût été séante, et une lettre de l'amiral Krantz, ministre de la Marine, à M. Spuller, ministre des Affaires étrangères, caractérise bien l'état de résignation, voire de « veulerie, » dont nous n'essayions point de sortir : « En ce qui concerne les trappes à morues, écrivait l'amiral Krantz le 3 juin 1889, je crois qu'au moment où nous sommes arrivés, *nous n'avons plus* qu'à prendre acte de l'engagement que nous notifie encore le Gouvernement anglais de leur suppression certaine à partir du 9 mai 1890. » Et c'est, dans ces conditions, une chance inespérée que notre consul à Saint-Jean ait pu enfin annoncer, le 1er juillet 1890, à M. Ribot : « L'usage des *cod-traps* est interdit sur le French-Shore. »

XXI

Les Goélettes nomades.

Nous n'eûmes pas moins de mal à obtenir le numérotage des goélettes *nomades*. Les goélettes ainsi désignées étaient des bâtiments sans nom, sans papiers, sans individualité civile, munis seulement d'une licence délivrée par un agent des douanes, qui, échappant à tout contrôle extérieur et narguant la surveillance des bâtiments de guerre, faisaient usage précisément des trappes à morues!

Le Gouvernement local de Terre-Neuve refusait d'exiger, quant à l'état civil de ces goélettes, les garanties légales adoptées par les pays d'Europe. Il persistait à leur accorder un anonymat propice à leurs pirateries. Que demandions-nous cependant? Peu de chose : qu'un signe extérieur bien apparent désignât ces goélettes, par exemple un numéro d'ordre peint sur une de leurs voiles. La police des croiseurs britanniques eux-mêmes ne pouvait être que facilitée par cette mesure. Mais les Anglais n'ont jamais admis que la police, à Terre-Neuve, s'exerçât, avec impartialité, sur leurs nationaux aussi bien que sur les nôtres.

Le 28 juillet 1888, lord Salisbury se contente de dire qu'il « fait tous ses efforts pour assurer le résultat que poursuivent les deux Gouvernements relativement aux marques destinées à établir l'identité des bateaux de pêche. Le

5 novembre suivant, il annonce « que des ordres sont donnés par le Gouvernement de Terre-Neuve aux autorités douanières locales pour qu'elles veillent à ce que les bâtiments de pêche locaux soient marqués conformément aux dispositions de l'acte sur la Marine Marchande (*Merchant Shipping Act*) en vigueur dans la colonie. » Il ajoute, toutefois, — *in cauda venenum* — que, cet acte ne s'appliquant pas aux navires d'un faible tonnage, les bâtiments qui, « n'excédant pas quinze tonnes de jauge, sont entièrement pontés ou munis d'un pont fixé, et ceux qui, n'excédant pas trente tonnes de jauge, n'ont pas de pont fixé ou ne seront pas entièrement pontés, » échapperont à la règle commune.

De telle sorte que la satisfaction donnée devenait illusoire, les goélettes non en situation d'être immatriculées étant très nombreuses sur les côtes de Terre-Neuve. Comment, du reste, le Cabinet de Londres pouvait-il admettre, pour la navigation dans les parages de Terre-Neuve et du Labrador, une législation différente de celle que les nations européennes ont uniformément adoptée, en vue d'assurer la police des mers?

Enfin, en août 1889, le premier ministre de la Reine adressait à notre Ambassade un memorandum « sur les mesures projetées ou prises par les autorités de Terre-Neuve pour appliquer les dispositions de la loi existante en ce qui concerne l'enregistrement des navires pêcheurs dans la colonie, et les marques distinctives à leur imposer. » Mais ce memorandum était encore loin de signaler la question comme définitivement résolue, puisqu'il faisait entrevoir la nécessité d'une décision législative avant de prendre une mesure quelconque, et qu'en conséquence aucune action dans ce sens ne serait possible avant la réunion de la nouvelle Chambre, c'est-à-dire avant le mois de février 1890. Preuve de plus à l'appui de cette assertion que, dans les différends de Terre-Neuve, aucune satisfaction d'un caractère immédiat ne nous a jamais été accordée par les Anglais.

XXII

Affaires Shearer et Thubé-Lourmand. Encore les Homarderies.

Donnons encore deux exemples du mauvais vouloir britannique : les affaires Shearer et Thubé-Lourmand. Le sieur Shearer était propriétaire d'une usine à homards, à Port-Saunders. Les opérations de cette homarderie gênaient considérablement nos nationaux et les empêchaient notamment de déborder leurs seines à la côte. Le commandant de notre station navale réclama la fermeture de l'usine. A cette requête on ne peut plus fondée, le commandant de la station anglaise opposa un *non possumus* Un argument des plus inattendus motivait ce refus. « Nous n'avons pas droit à la pêche concurrente, quand il s'agit de la morue, prétendaient les Anglais ; mais dès lors qu'il est question du homard, la concurrence est légitime. » C'était nier *la valeur de notre prérogative de pêche sur le French-Shore*, prérogative s'appliquant à tous les produits de la mer, puisque les textes de 1713, 1763 et 1783 ne l'ont limitée ni quant aux espèces de poissons, de crustacés, etc..., pouvant être pêchés, ni quant au mode de pêche.

Une longue correspondance s'échangea alors entre les Cabinets de Paris et de Londres. Nos revendications furent formulées d'une façon extrêmement précise par notre ministre de la Marine, l'amiral Krantz. Il importe de citer ici l'essentiel de son argumentation.

L'amiral disait : « Nous avons le droit privilégié de pêcher et de préparer le homard, comme nous avons, sans conteste, le droit privilégié de pêcher et de sécher la morue.

« Quand, en cédant Terre-Neuve, nous nous sommes réservé, sur une partie du littoral, ce démembrement du droit de souveraineté qui consiste dans le droit exclusif de pêche dans la mer riveraine, et que nous avons de plus stipulé, comme accessoire de ce droit, celui d'user de la côte pour la préparation de nos produits, nous n'avons pas, le texte du traité d'Utrecht en fait foi, limité l'exercice de cette faculté à une seule espèce de poisson, la morue ; nous avons entendu conserver et on a entendu nous laisser le droit entier de pêche. Nous avons donc gardé la faculté de capturer et de préparer pour le transport en Europe tous les animaux que l'on pêche, et, dans la réalité, nous avons de tout temps pris, aussi bien que la morue, le capelan, le saumon, le homard.

« En y réfléchissant on aperçoit bien vite qu'il ne pouvait pas en être autrement.

« A moins, en effet, de prétendre que personne, ni nous, ni les Terre-Neuviens, ne peut pêcher le homard le long du French-Shore, ce que personne ne soutient, il faut bien reconnaître que si le droit de faire cette pêche ne nous appartient pas exclusivement, ou bien les habitants de Terre-Neuve ont le droit de la pratiquer concurremment avec nous, ou bien ils possèdent à cet égard un droit dominant qui nous exclut et nous éloigne.

« Or, chacune de ces deux hypothèses est également inadmissible.

« Les Anglais n'ont pas de droit de pêche parallèle au nôtre, parce qu'un pareil droit n'existe pas de soi, qu'il devrait être stipulé par écrit, et que, dans l'espèce, il ne l'est pas. Chaque nation est maîtresse dans sa mer territoriale, et, à moins de convention contraire, elle a, dans ce domaine, un droit d'exploitation exclusif. Par conséquent, il faut arriver à la seconde hypothèse, celle du droit exclusif au profit des Anglais.

« Mais celle-là n'est pas plus admissible. D'abord, le droit dominant pour les Anglais de pêcher le homard est incompatible avec notre droit dominant, sinon exclusif, de pêcher la morue. Dès que ces deux genres d'industrie se rencontrent, l'un des deux doit disparaître. On l'a bien vu l'année dernière (1888), dans la baie d'Ingornachoix, où, le commandant Humann n'ayant pu obtenir du capitaine du croiseur anglais de forcer le sieur Shearer à retirer ses casiers à homards qui rendaient impraticable la manœuvre des seines de nos morutiers, il a fallu que, de guerre lasse, et après avoir perdu du temps et déchiré leurs filets, ceux-ci abandonnassent finalement la partie...

...« Ce n'est pas tout. La pêche du homard comporte un établissement provisoire ou définitif sur la côte ; le sieur Shearer, notamment, a des usines sur plusieurs points de la côte Ouest. Or, les traités interdisent aux Anglais tout établissement sur le French-Shore.

« C'est pour que le French-Shore fût exclusivement disponible pour nous, que, par le traité de 1783, on a échangé la partie du littoral comprise entre les caps Bona-Vista et Saint-Jean, où des habitants de l'île avaient créé des établissements, contre la partie comprise entre la Pointe-Riche et le cap Raye...

« En résumé, nous avons le droit privilégié de pêcher le homard aussi bien que la morue sur la côte réservée de Terre-Neuve et de l'y préparer comme une marchandise d'exportation :

« 1° Parce que les traités, entendus de bonne foi et suivant leur esprit, nous garantissent sur le French-Shore un droit de pêche sans restriction, ainsi que l'usage de la côte pour la préparation des produits ;

« 2° Parce que l'on ne pourrait concevoir un droit concurrent ou privilégié pour les Anglais, de se livrer à la même industrie, qu'à la condition d'admettre, d'une part, qu'ils peuvent, là où ils se trouvent, nous empêcher de pêcher même la morue, ce qui reviendrait à dire que les traités sont sans valeur, et, d'autre part, qu'ils ont la faculté de s'établir sur la côte, ce qui est explicitement interdit par la déclaration du roi Georges. »

Lord Salisbury répondit en refusant de faire fermer l'usine Shearer et en déclarant que les traités visaient seulement les poissons qui peuvent être séchés au moyen de *chauffauds*, ce qui n'aurait point été le cas pour le homard. Il convient encore de citer les passages les plus caractéristiques d'une seconde réplique de l'amiral Krantz :

« Est-il vrai, écrivait-il, après avoir rappelé à nouveau la déclaration du roi Georges, — est-il vrai que les usines Shearer sont construites sur le French-Shore, c'est-à-dire là où il ne peut y avoir aucun établissement appartenant à des Anglais ? Est-il vrai que cet industriel, qui s'abrite derrière les franchises du French-Shore pour se refuser à exécuter le règlement anglais sur la conservation des fonds de pêche, couvre de ses casiers à homards une région étendue où nos pêcheurs ne peuvent plus suivre les migrations du capelan et de la morue sans s'exposer à détruire leurs instruments de travail ? Si cela est vrai, comment la chancellerie de Londres pourra-t-elle prouver que Shearer se conforme aux traités et ne viole pas nos droits ? »

Quant à notre droit de pêcher et de préparer le homard aussi bien que la morue, l'amiral s'exprimait ainsi : « L'argumentation de lord Salisbury se réduit à ceci : les crustacés ne sont pas des poissons, dans le sens où l'ont entendu les signataires du traité d'Utrecht, et ce traité lui-même, en n'autorisant l'installation que des chauffauds et des cabanes usités pour séchage de la morue, se trouve sans application à l'égard des produits que l'on conserve par d'autres moyens que la sécherie. Interpréter ainsi le traité de 1713, c'est se laisser égarer par la lettre de son texte.... Les mots *chauffauds*, *cabanes*, *sécher*, employés dans l'article 13, ne sont évidemment que des énonciations, des exemples, tirés du fait présent; le principe de la convention est dans l'interdiction imposée aux Français de prétendre quoi que ce soit et en quelque temps que ce soit sur la dite île et îles adjacentes en tout ou en partie, d'y fortifier aucun lieu ni d'y établir aucune habitation en façon quelconque; en un mot, de prendre pied dans le pays ni d'y rien fonder de permanent qui puisse devenir une menace pour la souveraineté anglaise. Voir une intention étroite et limitative dans les mots « sécher », « poissons », « chauffauds », c'est prêter aux négociateurs de l'époque des vues qu'ils ne pouvaient pas avoir et dénaturer absolument leurs préoccupations.

« Par conséquent, les hangars mobiles où nos capitaines font bouillir et mettent en boîtes les homards, hangars qui en fin de saison disparaissent bien plus complètement encore que les chauffauds, ne sont pas plus dressés en violation des traités que ne le sont ces chauffauds eux-mêmes. Leur caractère est la précarité, l'existence temporaire, l'affectation exclusive à la préparation des produits de pêche. Tout cela est l'exécution même des traités. »

Au mois d'octobre 1889, l'affaire Shearer, qui traînait depuis 1887, n'était pas encore réglée. Le 8 octobre l'amiral Krantz écrivait encore : « L'occupation de la baie de Port-Saunders par une pêcherie à homards anglaise constitue, non plus seulement sur la côte à terre, mais dans les eaux où nous avons le droit dominant de pêcher, une irrégularité, je dirai plus, une illégalité que nous ne pouvons reconnaître. » Et il ajoutait que « cette liberté de mouvements, déjà nécessaire aux navires qui viennent déliler le golfe, nous est devenue absolument indispensable depuis que, privés du droit de nous procurer de la boëtte près des pêcheurs terre-neuviens, nous sommes obligés de la poursuivre nous-mêmes, dans tous les havres de la côte. »

C'était admirablement parler. Mais suffisait-il de parler? Le patriotisme ne commandait-il pas à notre Gouvernement de prendre des mesures énergiques? Ces mesures ne furent pas prises. Une somme de 20 livres sterling fut offerte par le Cabinet britannique au capitaine Bélin, de la marine française, dont les filets avaient été déchirés par les casiers à homards de Shearer, et ledit Shearer continua, comme devant, de mettre obstacle à notre pêche.

Pendant que nous réclamions contre Shearer, les Anglais réclamaient contre un armateur français, M. Thubé-Lourmand. Mais tous les incidents que nous venons de rapporter sont de nature à faire penser, *a priori*, avant toute explication, que la réclamation anglaise était loin d'être aussi bien fondée que la nôtre.

De quoi s'agissait-il, en effet? De la concession, par le Gouvernement français, à des navires de la maison Thubé-Lourmand, de certains emplacements de pêche situés sur le French-Shore. Cette concession n'était autre chose que le droit d'opérer par préférence ou à l'exclusion des autres maisons françaises dans telles baies, mais il allait de soi que ce droit devait s'exercer uniquement pendant la période et dans les conditions fixées par les traités.

« Depuis quatre-vingt-dix ans, fit alors remarquer M. Goblet, ministre des Affaires étrangères, c'est-à-dire depuis la promulgation de l'arrêté du 25 pluviôse an III, le département de la Marine a toujours procédé de cette façon. Les places sont tirées au sort et concédées pour cinq années. Cette règle, indispensable pour assurer le bon ordre et garantir aux exploitants une certaine sécurité quant à la continuité de leurs opérations, n'avait jamais jusqu'à ce jour soulevé d'objection de la part du Gouvernement britannique qui, en présence de ces éclaircissements, reconnaîtra encore aujourd'hui, j'en suis persuadé, que nous ne saurions accepter la discussion sur une mesure d'ordre intérieur et de notre compétence exclusive. »

M. Goblet aurait pu ajouter que les Anglais eux-mêmes avaient intérêt au maintien de ce procédé du tirage au sort qui, répartissant les places de pêche avant le départ pour la campagne, ôte l'occasion à nos nationaux de se quereller à leur arrivée sur la côte de Terre-Neuve et d'y jeter le trouble.

Nous n'insisterons pas davantage sur cette affaire Thubé-Lourmand. Le simple exposé que nous venons d'en faire suffit à montrer en quelle attitude de mauvais vouloir, au mépris des traités, persistait le Gouvernement britannique. Elle n'est qu'une vexation de plus parmi tant d'autres dont nous avons été l'objet, mais il était nécessaire de ne pas la passer sous silence, car c'est d'elle, ainsi que de l'affaire Shearer, que date le litige des homarderies et de la pêche du homard, litige qui, par suite de la crainte où sont nos adversaires de se voir donner tort, n'a pas encore été résolu par l'arbitrage.

XXIII

Suggestions d'arbitrage.

C'est au mois de mai 1889 qu'il est question, pour la première fois, d'un arbitrage. La proposition en est faite par lord Salisbury. Nous n'avions pas lieu d'y mettre obstacle. Mais il devait être bien entendu, pour sauvegarder à la fois notre dignité et le principe de nos droits, que les arbitres n'auraient pas à s'occuper de l'ensemble des prérogatives accordées à la France par les traités — prérogatives sur lesquelles nous n'admettrons jamais qu'il puisse s'élever un doute, — et qu'ils n'envisageraient que certaines difficultés de détail — par exemple, les homarderies — dont, dans notre esprit de conciliation, nous admettrions comme possible que l'examen fût soumis à des tiers.

Mais, comprendra-t-on que lord Salisbury, après avoir fait cette proposition d'arbitrage, ait pu oser nous adresser des déclarations dans ce genre : la colonie de Terre-Neuve est décidée à maintenir son opposition contre tout système de règlement dont la conséquence ne serait pas l'abolition des droits des Français sur le French-Shore. Il y aurait lieu, en conséquence, d'examiner ce qui pourrait être fait d'un commun accord dans cet ordre d'idées ?

Nous répondîmes en rappelant que nous n'avions jamais été ennemis de l'idée d'un accord définitif ; que nous n'étions pour rien dans la non-mise à exécution de l'arrangement de 1885, mais que jamais nous ne consentirions à l'abolition, sous une forme quelconque, de nos droits sur le rivage de Terre-Neuve.

Sur quelles bases le Gouvernement anglais voulait-il nous amener à établir l'accord ? Sur celles-ci : 1° rachat à prix d'argent des droits de la France sur le French-Shore ; 2° engagement par la colonie terre-neuvienne de donner toute facilité pour la boëtte ; 3° abolition des primes françaises sur la morue salée, mais seulement en ce qui touche la vente de la morue dans la Méditerranée. Tout cela était inacceptable, et en ce qui touche notamment l'abolition des primes, il était étrange que le Cabinet de Londres prît la liberté d'ériger en base de discussion une question d'ordre intérieur, sur laquelle le Parlement français venait précisément de se prononcer. Le maintien de la prime, en effet, avait été décidé par nos législateurs, et il ne pouvait dépendre de notre Gouvernement, par suite, de modifier nos tarifs en faveur des habitants de Terre-Neuve et au détriment de nos pêcheurs.

Le 29 novembre 1890, nous nous déclarions à nouveau, par l'intermédiaire de notre ambassadeur à Londres, disposés à entrer avec le Gouvernement de la Reine dans la voie d'un accord, à la condition que les intérêts des deux parties fussent mis équitablement en balance, et qu'on n'attendît pas de nous des concessions incompatibles avec notre droit et notre dignité.

XXIV

L'Arrangement aux fins d'arbitrage.

L'ANNÉE suivante, à la date du 11 mars, lord Salisbury et M. Waddington, notre ambassadeur, signaient enfin un « arrangement aux fins d'arbitrage ». Il était ainsi conçu :

« Le Gouvernement de la République française et le Gouvernement de Sa Majesté Britannique, ayant résolu de soumettre à une Commission arbitrale la solution de certaines difficultés survenues sur la partie des côtes de Terre-Neuve comprise entre le cap Saint-Jean et le cap Raye, en passant par le Nord, sont tombés d'accord sur les dispositions suivantes :

« 1° La Commission arbitrale jugera et tranchera toutes les questions de principe qui lui seront soumises par l'un ou l'autre Gouvernement ou par leurs délégués, concernant la pêche du homard et sa préparation, sur la partie susdite des côtes de Terre-Neuve ;

« 2° Les deux Gouvernements s'engagent, chacun en ce qui le concerne, à exécuter les décisions de la Commission arbitrale ;

« 3° Le *modus vivendi* de 1890 relatif à la pêche du homard et à sa préparation est renouvelé purement et simplement pour la saison de pêche de 1891 ;

« 4° Une fois que les questions relatives à la pêche du homard et à sa préparation auront été tranchées par la Commission, elle pourra être saisie d'autres questions subsidiaires relatives aux pêcheries de la partie susdite des côtes de Terre-Neuve et sur le texte desquelles les deux Gouvernements seront préalablement tombés d'accord;

« 5° La Commission arbitrale sera composée :

(1) De trois spécialistes ou jurisconsultes désignés d'un commun accord par les deux Gouvernements;

(2) De deux délégués de chaque pays qui seront les intermédiaires autorisés entre leurs Gouvernements et les autres arbitres;

« 6° La Commission arbitrale ainsi formée de sept membres statuera à la majorité des voix et sans appel;

« 7° Elle se réunira aussitôt que faire se pourra. »

Elle ne s'est pas encore réunie !

Le 11 mars également, les trois « spécialistes, » prévus au premier paragraphe de l'article 5, étaient désignés par les deux Gouvernements : M. de Martens, professeur de droit des gens à l'Université de Saint-Pétersbourg; M. Rivier, consul général de Suisse à Bruxelles, président de l'Institut de droit international; M. Gram, ancien membre de la Cour suprême de Norvège.

Et le 16 mars, M. Ribot, ministre des Affaires étrangères, déposait devant les Chambres un projet de loi portant approbation de l'arrangement aux fins d'arbitrage.

De l'autre côté de la Manche, on parut montrer le même empressement. Un projet de loi portant également approbation du dit arrangement fut présenté, le 19 mars, à la Chambre des lords, par lord Knutsford, ministre des Colonies. Sa lecture fut bien accueillie, et lord Salisbury prononça, à cette occasion, un discours dont nous tenons à citer ce passage : « En 1885, quand je succédai à lord Granville au Foreign-Office, je constatai qu'il venait de conclure un arrangement parfaitement satisfaisant et pratique » (l'arrangement du 14 novembre 1885, que la France ne demandait qu'à voir mettre en vigueur). « *Malheureusement, on persuada aux colons, alors en proie à une crise politique, de rejeter cette convention. Je crois que, sous l'influence de la crise, les électeurs de Terre-Neuve se sont à peine rendu compte de la responsabilité que ce rejet leur faisait encourir. On venait de perdre là une occasion précieuse....* » A la Chambre des communes, l'accueil fut moins favorable. Deux députés demandèrent s'il était vrai qu'on eût négligé de consulter la colonie sur le projet de loi, et si on attendrait les délégués du Parlement de Saint-Jean, qui désiraient être entendus.

A ces questions il fut répondu que, le Gouvernement de Terre-Neuve ayant déjà manifesté d'avance son opposition, on n'avait pas cru devoir le consulter, mais qu'on donnerait le temps aux délégués d'arriver à Londres et de faire valoir leurs griefs.

XXV

Le Bill Knutsford. Les Objections des délégués de Terre-Neuve.

A partir de ce moment, il faut suivre avec une extrême attention ce qui se passe à Terre-Neuve et ce qui se passe à Londres. Le lecteur n'aurait, du conflit international qui nous occupe, des obstacles multipliés qu'ont opposés à son règlement définitif les colons de Terre-Neuve et de l'effacement *déterminé* de l'Angleterre devant un Gouvernement secondaire qu'elle laisse libre de violer les traités, qu'une idée très incomplète, si nous nous bornions à cette simple phrase : la proposition d'arbitrage n'a pas été suivie d'effet, et, en 1903, nous ne sommes pas plus avancés qu'en 1891.

Faisons d'abord connaître les principales dispositions du projet de loi ou *bill* déposé par lord Knutsford :

« Attendu que des contestations se sont élevées entre le Royaume-Uni et la France en ce qui concerne les engagements relatifs aux pêcheries de Terre-Neuve; que des négociations, tendant à arranger ces contestations par voie d'arbitrage, sont en cours; qu'en attendant la fin de ces négociations, des arrangements temporaires peuvent être de temps à autre nécessaires, et qu'il convient de faire disparaître les doutes mentionnés plus haut (doutes élevés par Terre-Neuve sur les pouvoirs donnés aux officiers de la marine anglaise en vue d'assurer l'exécution des traités, de faire revivre les dispositions reproduites dans l'annexe à la présente loi (voir un peu plus loin), et de les appliquer à tous arrangements temporaires qui pourront être conclus, comme il vient d'être dit, ainsi qu'à tout arrangement définitif relatif à ces contestations :

« Il est ordonné par Sa Majesté la reine, etc...

« 1° — (1) Les dispositions mentionnées dans l'annexe à la présente loi seront remises en vigueur et auront leur plein effet : le ou les traités qui y sont cités comprendront non seulement les engagements relatifs aux pêcheries de Terre-Neuve, mais encore tout autre arrangement temporaire conclu avec la France, soit avant, soit après le vote de la présente loi, à l'effet de régler les contestations se produisant à propos de ces engagements.

« (2) S'il est conclu un arrangement permanent entre le Royaume-Uni et la France, relativement aux contestations qui ont surgi par rapport aux engagements concernant les pêcheries de Terre-Neuve, il sera loisible à Sa Majesté de prescrire, par décision en Conseil, que les dispositions renouvelées par la présente seront appliquées, comme si cet arrangement définitif était un des traités mentionnés dans ces mêmes dispositions.

. . . .

« 2° Au cas où Sa Majesté la reine, en son Conseil, aurait constaté que, par une loi quelconque faite avant ou après le vote du présent acte par le Parlement de Terre-Neuve, des dispositions suffisantes ont été arrêtées en vue d'assurer l'exécution, suivant les ordres et instructions de Sa Majesté, des engagements relatifs aux pêcheries de Terre-Neuve, ou de tout arrangement analogue mentionné dans le présent acte, il sera loisible à Sa Majesté, en son Conseil, de suspendre l'effet de tout ou partie du présent acte pour le temps où la loi en question restera en vigueur et non plus longtemps, et d'ordonner que ladite loi ait son effet en totalité ou en partie, avec ou sans modifications et changements, comme si elle faisait partie du présent acte, et toute décision en Conseil rendue dans ces conditions aura son plein effet. »

Les dispositions annexées à ce bill consistaient dans la reproduction de deux articles d'une loi de 1824, promulguée en vue d'une « meilleure réglementation » des pêcheries de Terre-Neuve. Ces articles donnaient pouvoir à la Métropole d'adresser, au gouverneur de Terre-Neuve et aux officiers de la station navale de Terre-Neuve, les ordres nécessaires pour l'exécution des traités, pour « faire enlever tous chauffauds, claies et autres ouvrages » établis par les sujets anglais entre le cap Saint-Jean et le cap Raye, ainsi que pour « faire écarter tous vaisseaux, navires et bateaux appartenant aux sujets de Sa Majesté qui seraient trouvés dans les limites susdites », et, en cas de besoin, pour les « y contraindre ». Les articles disposaient encore que les contrevenants seraient passibles d'une amende de cinquante livres sterling.

Le 23 avril 1891, les délégués de Terre-Neuve étaient admis à la barre de la Chambre des lords, et le premier ministre de la colonie, sir W. Whiteway, faisait, dans un long plaidoyer, des objections tant à l'adoption du bill Knutsford qu'à l'application de l'arrangement anglo-français. Il concluait par les propositions suivantes :

« 1° (*a*) La législature de Terre-Neuve adoptera immédiatement une loi autorisant l'exécution du *modus vivendi*, pour cette année, de la sentence de la Commission d'arbitrage sur la question des homarderies, ainsi que des traités et déclarations suivant les instructions arrêtées par Sa Majesté en Conseil ;

« (*b*) La discussion du bill actuellement soumis au Parlement sera suspendue jusqu'à ce que la loi précitée ait été votée, puis le bill sera retiré :

« (c) On discutera et arrêtera avec les délégués résidant en ce moment dans cette ville, et aussi promptement que possible, les termes de *la loi devant conférer des pouvoirs aux tribunaux et pourvoir aux règlements destinés à assurer l'exécution des traités et déclarations*, ladite loi devant être votée par la législature de la colonie;

« 2° (a) La convention d'arbitrage actuelle ne pourra être étendue à des questions autres que celle des homarderies, sans le consentement préalable de la colonie : en ce cas, la colonie sera représentée au sein de la Commission :

« (b) *La colonie désire la conclusion d'une convention d'arbitrage général sur toutes les questions soulevées par l'une ou l'autre des parties en raison des traités et déclarations.* Si cette convention est conclue, la colonie de Terre-Neuve demande à être représentée dans la Commission arbitrale, et elle adoptera alors une loi pour assurer l'exécution de la sentence. »

Nous avons souligné, dans ces propositions, deux passages très significatifs au point de vue de l'opinion de la colonie, et sur l'ensemble des affaires de Terre-Neuve et sur la question de détail des Cours de Justice. Les colons voulaient — ils le veulent encore aujourd'hui — mettre en cause le principe même des droits conférés à la France par les traités. Leur ambition, de plus, était d'obtenir la création de Cours *locales* de Justice, chargées de solutionner les questions controversées, autrement dit, de substituer à la juridiction exercée par les commandants de station navale celle de magistrats terre-neuviens.

Lors de la seconde lecture du bill, le 27 avril 1891, lord Salisbury, discutant les propositions précitées, s'attacha à montrer que la France n'accepterait jamais de considérer comme litigieux le principe de ses droits; mais il déclara consentir à transférer aux magistrats de la colonie les pouvoirs judiciaires appartenant jusque-là aux officiers de la marine. Le premier ministre de la Reine prit ensuite l'engagement d'abroger plus tard la loi dont il demandait la seconde lecture, au cas où le Parlement de Terre-Neuve prendrait des mesures rendant superflues les dispositions du bill actuel. Il annonça enfin que, pour donner au Parlement colonial le temps de satisfaire à cette condition, la Chambre des communes ne serait pas saisie du bill avant les vacances de la Pentecôte, c'est-à-dire avant le 21 mai.

XXVI

Complaisances de l'Angleterre à l'égard de Terre-Neuve. Les Obligations internationales. Retrait du bill Knutsford. La Loi provisoire de Terre-Neuve. L'Arbitrage.

On peut se demander s'il était vraiment nécessaire de faire toutes ces concessions aux susceptibilités des colons. Le Cabinet de Londres, instruit par l'expérience, se souvenant que par la faute des Terre-Neuviens l'arrangement de 1885 n'avait pu entrer en vigueur, se rappelant encore toutes les graves difficultés internationales provoquées ultérieurement par les exigences de sa colonie, aurait dû passer outre aux récriminations de Terre-Neuve et hâter le vote de l'arrangement aux fins d'arbitrage.

Il parut un instant que lord Salisbury était parfaitement résolu à brusquer les choses en ce sens. « Les obligations internationales, s'écria-t-il à la Chambre des lords, sont supérieures à tous les droits des habitants de Terre-Neuve. Nous ne leur avons pas imposé le traité, ils sont allés dans un pays où le traité faisait loi ; nous avons autant le droit et le pouvoir de nous occuper des relations internationales qu'ils ont eux-mêmes le droit et le pouvoir de s'occuper de leurs propres affaires... Nous leur accordons des pouvoirs sans limites par rapport à leurs affaires intérieures, parce qu'ils seront seuls à souffrir des erreurs qu'ils commettront sur ce terrain... Mais s'ils commettent de graves erreurs dans le cas actuel, ce n'est pas eux qui en souffriront!..... Puisque nous devons supporter tout le fardeau et toute la responsabilité, il est essentiel que nous ayons les pouvoirs nécessaires pour défendre nos intérêts ainsi que ceux de nos concitoyens, pour nous conformer au droit international, pour remplir nos obligations conventionnelles, enfin pour tenir la parole donnée par le pays. »

C'étaient de sages déclarations, mais qui ne devaient pas être suivies d'effet. Et lord Salisbury lui-même se démentait en consentant à ce que nos créances nationales à Terre-Neuve devinssent justiciables de tribunaux anglais. Il se démentait davantage encore, si possible, en se déclarant satisfait du bill que votait, le 26 mai, la législature de Terre-Neuve, bill conforme au projet présenté par lord Knutsford, mais dont les effets ne devaient pas s'étendre au delà de trois années. A la suite de ce vote, la Chambre des communes approuvait à l'unanimité, le 29 mai, la résolution suivante : « La Chambre, ayant été informée qu'un acte satisfaisant a été voté par la législature de Terre-Neuve, se déclare prête à soutenir le Gouvernement dans toutes les mesures nécessaires pour assurer l'exécution des traités et arrangements conclus avec le Gouvernement de la France et ne passe pas, quant à présent, à la seconde lecture du bill. »

La situation devenait inquiétante pour l'avenir de l'arbitrage. M. Ribot écrivit à M. Waddington : « Nous n'avons pas à nous occuper de ce qui se passe entre la colonie de Terre-Neuve et la Métropole; mais nous sommes fondés à espérer que le Gouvernement anglais se munira des pouvoirs nécessaires pour faire exécuter la décision des arbitres. Or, si l'on se borne à faire voter par le Parlement colonial une loi provisoire, devant prendre fin en 1893, il est clair que nous ne serons assurés de rien après cette échéance. D'autre part, nous ne pouvons accepter qu'à aucun moment le Gouvernement anglais se désintéresse de l'exécution des traités, en remettant aux tribunaux de Terre-Neuve le jugement des contestations auxquelles ces traités peuvent donner lieu. Les tribunaux anglais ne sont pas compétents pour appliquer un acte international. »

Lord Salisbury tenta de nous rassurer. A l'entendre, la substitution au bill impérial d'un acte temporaire du Parlement de Terre-Neuve ne devait pas être un motif pour le Gouvernement de la République de ne pas ratifier l'arrangement du 11 mars, et nous n'avions pas à nous préoccuper des mesures que prendrait le Cabinet britannique pour garantir l'exécution de la résolution du 29 mai, qu'il qualifiait « un engagement d'honneur » pris par le Parlement anglais vis-à-vis de la France.

Cependant, lord Salisbury n'avait pas toujours été si sûr de la réussite. Au mois de mars 1891, se reconnaissant sans moyens légaux de faire exécuter les traités à Terre-Neuve, il prenait le parti de s'adresser directement au Parlement impérial et de lui demander de donner aux commandants des forces navales anglaises les pouvoirs que leur refusait le Parlement de Saint-Jean. Quelque temps après, il déclarait qu'il ferait de l'arrangement relatif à l'arbitrage une question de Cabinet. Enfin, en recommandant la deuxième lecture du bill, il s'exprimait ainsi : « La France exigera que nous mettions à exécution l'arrêt, quel qu'il soit, que rendront les arbitres. » Et il n'était pas seul, dans le Gouvernement de la Reine, à penser de cette façon, puisque le ministre des Colonies disait le 8 mai, dans une lettre au ministre de Terre-Neuve, qu'un acte temporaire ne saurait suffire à assurer d'une façon absolue et définitive les décisions arbitrales.

Il faut observer, en outre, qu'en reculant ainsi devant les exigences de sa colonie, le Gouvernement anglais mettait notre Cabinet dans une singulière posture vis-à-vis des Chambres. Le Gouvernement français s'était, en effet, cru autorisé par les déclarations du Gouvernement anglais et par le texte même de l'arrangement conclu, à dire au Sénat que le Cabinet britannique s'était engagé à garantir l'exécution permanente de l'arbitrage. Le projet n'ayant été voté que sur cette affirmation, quel ne serait pas l'embarras de notre Ministère d'avoir à annoncer aux Chambres l'approbation, par le Gouvernement de la Reine, d'un acte temporaire dont l'insuffisance absolue avait été proclamée à plusieurs reprises ?

On arrivait au mois de juillet 1891, et la question de l'arbitrage n'était pas plus avancée, en somme, qu'au mois de mars. Les Chambres françaises se séparèrent ; la session d'octobre se passa sans que pût être soumis à l'approbation du Palais-Bourbon l'arrangement du 11 mars ; bref, le 5 février 1892, M. Ribot chargeait M. Waddington de reprendre avec lord Salisbury la négociation relative à l'arbitrage de Terre-Neuve. Que de temps perdu! Que d'intérêts laissés en souffrance alors que le Gouvernement anglais aurait pu, six mois plus tôt, s'il avait écouté avec moins de complaisance les réclamations de sa colonie, provoquer de concert avec nous une solution définitive !

Lord Salisbury répondit qu'il était prêt, mais que, le Parlement de l'île devant se réunir le 25 février, il convenait d'attendre que celui-ci eût statué sur le bill que le Gouvernement local devait lui soumettre, et dont le texte avait été arrêté d'accord avec le Gouvernement de la Métropole. Réponse extraordinaire : qu'était-ce donc que ce nouveau bill, en discussion à Terre-Neuve? En quoi son vote importait-il à l'arbitrage? Le projet de loi approuvé le 26 mai 1891 par la législature terre-neuvienne ne suffisait-il plus au Gouvernement britannique pour le mettre à couvert vis-à-vis de sa colonie? En vérité on se perd dans ce dédale de moyens dilatoires, de procédés de recul, par lesquels l'Angleterre retardait la solution tant attendue et, comme nous l'avons déjà dit au cours de ce travail, ne devenait-il pas manifeste que la Métropole et la Colonie s'entendaient pour nous leurrer?

Ce bill inattendu fut d'ailleurs rejeté par le Parlement colonial, malgré les efforts du premier ministre local. Le Gouvernement anglais, pensera-t-on, pouvait dès lors reprendre sa liberté d'action, si tant est qu'il eût dû la subordonner au bon plaisir de Terre-Neuve. Il n'avait plus qu'à présenter de nouveau au Parlement le bill voté l'année précédente à la Chambre des lords. Oui, telle eût dû être sa façon d'agir... s'il avait eu vraiment le désir de clore ces longs et énervants débats. Mais, au mois de mai 1892, c'est-à dire un an après l'entrée en pourparlers aux fins d'arbitrage, il n'était pas plus disposé que le premier jour à nous suivre dans une voie d'arrangement. Et, le 29 du dit mois, lord Salisbury et M. Balfour, leader de la Chambre des communes, faisaient tranquillement connaître à M. Waddington l'impossibilité de faire passer le bill relatif à Terre-Neuve pendant le peu de temps que la session durerait encore!

Nous restions donc purement et simplement sur le terrain du *modus vivendi*. Nous y sommes encore.

XXVII

Le Modus vivendi.

Que faut-il entendre par ce *modus vivendi*, dont on pourrait dire peut-être qu'il est aussi bien un *modus disputandi?* Arrivés à la fin de ce travail sur Terre-Neuve, devons-nous autoriser cette supposition que le *modus vivendi*, s'il n'a pas supprimé toutes les difficultés, les a du moins diminuées, et que, grâce à lui, nous vivons sous le régime d'un *statu quo* supportable? Ah! l'erreur serait grande d'attribuer un résultat pareil à ce *modus* essentiellement provisoire, renouvelé d'année en année, et qui nous laisse à la merci de toutes les fantaisies terre-neuviennes. Allez demander leur avis sur ce point à ceux de nos armateurs qui continuent, malgré les déboires et les risques, à envoyer des navires sur le French-Shore. Ils vous répondront que le *modus vivendi* ne leur assure aucune garantie contre l'arrogance de la colonie, et que l'histoire de nos relations avec les pêcheurs anglais de Terre-Neuve, pendant ces dix dernières années, est pleine de violences inqualifiables dont nous n'arrivons pas à obtenir raison.

L'idée d'un *modus vivendi* date de 1881. C'est en vue de l'établir que furent conclus — inutilement, comme nous l'avons dit — les arrangements du 26 avril 1884 et du 14 novembre 1885. A partir de cette dernière date jusqu'à la fin de la campagne de pêche de 1889, nous nous débattons parmi des difficultés de toutes sortes sans pouvoir amener nos adversaires à un accord durable. Au début de 1890, notre ministre des Affaires étrangères propose d'adopter un *modus vivendi* provisoire, en attendant le règlement par voie d'arbitrage dont il était question depuis le mois de mai de l'année précédente. Et, au mois de mars 1890, la rédaction suivante est acceptée par les deux Gouvernements :

« Les questions de principe et les droits respectifs étant entièrement réservés de part et d'autre, les Gouvernements français et britannique pourront convenir pour la saison prochaine du maintien du *statu quo* sur les bases suivantes :

« Sans que la France ou la Grande-Bretagne demande dès aujourd'hui un nouvel examen de la légalité de l'installation des homarderies anglaises ou françaises sur les côtes de Terre-Neuve, où les Français jouissent des droits de pêche conférés par les traités, il est entendu qu'aucune modification ne sera apportée aux emplacements occupés par les établissements appartenant aux nationaux des deux pays au 1er juillet 1889 : par exception, les nationaux de l'un ou l'autre pays pourront transporter leurs établissements susdits à tout autre endroit au sujet duquel les commandants des deux stations navales anglaise et française seront tombés préalablement d'accord.

« Aucune homarderie ne fonctionnant pas antérieurement au 1er juillet 1889 ne sera admise, à moins que les commandants des stations navales anglaise et française n'en tombent simultanément d'accord.

« En considération de chaque homarderie nouvelle autorisée dans ces conditions, il sera loisible aux pêcheurs appartenant à l'autre nationalité d'établir une nouvelle homarderie sur un point que lesdits commandants devront déterminer de même d'un commun accord.

« Toutes les fois qu'un fait de concurrence concernant la pêche du homard se produira entre les pêcheurs des deux pays, les commandants des deux stations navales procéderont sur les lieux à une délimitation provisoire des fonds de pêche de homard, en tenant compte des situations acquises par les deux parties.

« N. B. — Il sera bien entendu que cet arrangement, tout provisoire, ne sera valable que pour la durée de la campagne de pêche qui va s'ouvrir. »

A peine ce *modus vivendi* fut-il connu à Terre-Neuve qu'il y provoqua de violentes protestations. Le Parlement local en confia l'examen à un comité des deux Chambres qui se déclara mécontent de l'arrangement en général, mais concentra spécialement son blâme sur la clause dans laquelle il était convenu que les extensions anglaises auraient pour conséquences des extensions de même nature en faveur des homarderies françaises. Notre chargé d'affaires à Londres fit justement remarquer, à ce propos, que les Terre-Neuviens semblaient avoir cédé à une double impulsion : « 1° donner une leçon au Gouvernement de la Métropole et montrer, n'importe comment et à tout prix, qu'ils étaient maltraités et sacrifiés ; 2° éviter l'augmentation de nos intérêts sur les côtes de Terre-Neuve, *car ils caressent toujours le rêve que nous nous retirerons de plus en plus au Grand-Banc, les laissant en fait, maîtres du rivage que nous attribuent les traités.* »

Notre chargé d'affaires eût pu dire, en outre, que les Terre-Neuviens avaient saisi avec empressement une nouvelle occasion de perpétuer le désaccord entre l'Angleterre et nous, car c'est bien une des caractéristiques les plus marquantes de cette grande querelle internationale vieille de plus de cent ans, que la hâte de Terre-Neuve à jeter les hauts cris et son acharnement à nous dénigrer auprès de sa Métropole, chaque fois que celle-ci paraît sur le point d'en venir à une explication amiable. L'équité, cependant, ne commandait-elle pas aux Terre-Neuviens de reconnaître nos tentatives de conciliation par un égal bon vouloir? Qu'en 1889 ils nous en aient voulu violemment de persister à repousser la pêche concurrente, soit! Mais en 1890, tout en réservant le principe de nos droits, nous l'admettions provisoirement, cette pêche concurrente, sur la base de l'état de choses existant au 1er juillet 1889! N'auraient-ils pas dû nous avoir quelque gratitude de cette concession, nous marquer quelque satisfaction de cet essai d'apaisement, opéré d'ailleurs à nos dépens? On est en droit de se demander, dans ces conditions, si nous ne faisions pas fausse route et si nous n'avons pas perpétuellement joué à Terre-Neuve un rôle de dupes.

Malgré l'animosité de la colonie, le *modus vivendi* put être mis en pratique pour cette année 1890, et donna d'assez bons résultats. L'entente entre les commandants des deux stations navales y contribua pour beaucoup. Il y eut encore cependant quelques affaires litigieuses, parmi lesquelles un procès intenté, devant la cour de Terre-Neuve, par M. Baird au commandant britannique, en réparation du préjudice que lui avait causé la fermeture de son usine à homards, au mois de juin 1890, par application du *modus vivendi*. D'après le demandeur, les autorités navales anglaises n'auraient pas eu le droit de se conformer, sur le territoire de Terre-Neuve, aux dispositions d'un acte signé par les Cabinets de Londres et de Paris, mais non approuvé par les Parlements de Londres et de Saint-Jean. Ainsi qu'il fallait s'y attendre, la Cour n'admit pas l'argument par lequel la défense assimilait le *modus vivendi* à un acte de souveraineté dispensé de la ratification législative, et rendit un verdict contre l'officier britannique, malgré la *raison d'État* qu'invoquait ce dernier. La raison d'État! La colonie de Terre-Neuve en a toujours fait fi, et il est curieux de constater, à ce propos, que l'Angleterre, si susceptible en d'autres circonstances, n'ait jamais cru devoir prendre ombrage de ce sans-gêne...

Renouvelé en 1891, le *modus vivendi* donna lieu à de nouvelles récriminations de la part des Terre-Neuviens. Il a été consenti et renouvelé, disaient-ils, sans le consentement de la colonie; il a été renouvelé après promesse formelle qu'il ne serait valable que pour un an; il a été renouvelé sans qu'on ait garanti l'exploitation des établissements installés, achevés ou outillés sur la foi de la promesse que le *modus vivendi* primitif était consenti pour une année seulement; il a été renouvelé enfin sans assurer les indemnités à accorder à ceux qui ont eu foi dans cet engagement. Ils prétendaient encore se trouver « en présence d'une législation rétroactive de nature à léser les intérêts des personnes réclamant des dommages-intérêts pour les pertes subies en 1890 par suite de l'application du *modus vivendi*, et ils voyaient là « une immixtion dans les droits des sujets qui ne devrait pas être permise. »

Par contre, l'immixtion dans les droits des Français semblait toute naturelle aux Terre-Neuviens. Le 20 juin 1891, il était constaté que plus de trente nouvelles homarderies anglaises fonctionnaient sur le French-Shore, contrairement aux dispositions du *modus vivendi*.

Le 25 mars 1892, l'ambassadeur d'Angleterre à Paris demandait à M. Ribot s'il consentait à renouveler, pour la campagne en préparation, le *modus vivendi* relatif à la pêche du homard. Sur la réponse affirmative de notre ministre des Affaires étrangères, les instructions nécessaires furent expédiées aux commandants des stations navales et, cette année-là encore, nos opérations de pêche purent avoir lieu dans une sécurité relative.

Nous ne jouissons plus de cette sécurité. Le *modus vivendi* a perdu, avec le temps, sur l'esprit de la colonie, le peu d'action coercitive qu'il pouvait avoir. C'est aujourd'hui un moyen de protection usé, qui ne tient plus les Terre-Neuviens en respect, ainsi qu'on l'a pu constater en ces tristes circonstances, encore toutes proches, où les pêcheurs anglais sont allés jusqu'à l'incendie dans la rage de destruction que leur inspirent nos homarderies. Chaque année, l'attitude obstinément agressive de Terre-Neuve et, d'autre part, le procédé du « laisser dire » et du « laisser faire » dont l'Angleterre use vis-à-vis de sa colonie nous amènent à penser qu'un jour, brusquement, le renouvellement du *modus vivendi* deviendra impossible. Que se passera-t-il alors ? Sans nous inquiéter d'un avenir éloigné, sommes-nous bien sûrs qu'en 1901 notre situation, si précaire déjà, ne deviendra pas plus déplorable encore ? De récentes dépêches de Terre-Neuve ont fait prévoir en effet, pour cette année, les difficultés les plus graves. Certaines personnalités en vue du Parlement de Saint-Jean auraient parlé des droits de la France et des traités sur un ton plus menaçant que jamais. Les journaux de la colonie entretiendraient l'opinion dans un état de vive surexcitation. Bref, tout porterait à croire que la question du French-Shore, laissée de côté pendant la guerre Sud-Africaine, va être reprise avec ardeur et qu'une redoutable opposition se prépare de nouveau à Terre-Neuve. *Caveant consules!*

XXVIII

Conclusions.

De cet exposé de la question de Terre-Neuve que faut-il conclure?

Avant tout, que le principe de nos droits sur le French-Shore est inattaquable.

Il est possible que l'Angleterre, selon la phrase de lord Salisbury, subisse aujourd'hui « les conséquences des intrigues de lord Bolingbroke qui, au traité d'Utrecht, n'a pas exigé des dispositions aussi rigoureuses qu'il l'aurait pu. » Il se peut que notre occupation temporaire du French-Shore, chaque année, soit une gêne pour les colons de Terre-Neuve. Mais, en nous y installant dans les conditions prévues par les traités, nous ne faisons qu'user de nos prérogatives strictement. Il ne convient pas, d'ailleurs, de nous émouvoir outre mesure devant cette constatation que notre situation privilégiée sur certaines parties de la côte terre-neuvienne constitue, si légale et si conforme aux actes diplomatiques qu'elle soit, un embarras pour les Anglais. L'Angleterre n'est point, que nous sachions, un pays où l'on ait coutume d'introduire le sentiment dans la politique, et il est certain, absolument certain, que si les rôles étaient renversés, la France maîtresse de Terre-Neuve et la Grande-Bretagne *usufruitière* de ce qu'on nomme aujourd'hui le

French-Shore, le Gouvernement britannique n'hésiterait pas à nous mettre en demeure de lui laisser la libre possession de ce qui s'appellerait alors dans la langue des ambassades le *rivage anglais*.

Ce n'est pas seulement un traité qui nous autorise à « pêcher et sécher le poisson » entre le cap-Saint-Jean et le cap Raye ; c'est trois traités, plus une déclaration du roi Georges, qui spécifient l'étendue de nos droits. Il est probable, il est même sûr que si nos réclamations n'étaient pas fondées, nos adversaires auraient trouvé une arme contre nous dans un des textes postérieurs à la rédaction initiale de 1713. Or, l'accord entre tous ces documents est parfait, et cette concordance d'ensemble ne permet pas la moindre discussion sur nos privilèges.

Un d'entre eux, cependant, nous voulons bien l'admettre, peut faire l'objet d'une contestation : celui de la pêche du homard. Mais n'est-il pas outrecuidant que les Anglais ne se soient pas montrés satisfaits de la concession que nous leur avons faite sur ce point ? Nous avons admis la pêche concurrente du homard, alors que la thèse contraire de notre droit exclusif à cette pêche sur le French-Shore était parfaitement soutenable. Nous l'avons admise en faisant connaître que, sur ce point particulier, nous ne voyions aucun inconvénient à une intervention arbitrale. Quel a été le résultat de cette tentative de conciliation ? Un redoublement de récriminations de la part de nos adversaires, une recrudescence de vexations en vue de nous amener à d'autres concessions, puis à notre abandon définitif du French-Shore. Il n'a plus été question de l'arbitrage tant souhaité en apparence par le Gouvernement britannique, dès qu'il s'est aperçu qu'il pourrait fort bien n'y pas gagner. N'en courons pas la chance, s'est-on dit de l'autre côté de la Manche : c'est plus prudent ; mais, en attendant, il nous est toujours loisible de molester les Français qui ne sont prolégés que par un *modus vivendi* insuffisant. Est-ce là une conduite loyale? Est-ce ainsi que doit agir une grande nation, quand elle prétend à l'équité et quand elle a le moindre souci de franchise?

Aussi bien, quelle loyauté attendre d'un peuple qui, n'osant pas nous faire une opposition catégorique, conscient qu'il est du non-fondé de ses réclamations, disparaît derrière une de ses colonies avec la secrète joie de la voir nous susciter querelle sur querelle? Quel est le sens de cet effacement de la Métropole britannique vis-à-vis d'un Gouvernement secondaire, qui dépend d'elle, sinon qu'il est destiné à augmenter notre embarras? La colonie de Terre-Neuve a-t-elle provoqué des plaintes de notre part? Le Cabinet britannique s'en lave les mains; ce n'est pas sa faute; sa responsabilité dans les faits et gestes de la colonie est limitée. Quand il est question d'en venir à un arrangement, si la colonie en accepte l'examen, c'est l'Angleterre qui le repousse, et réciproquement. Procédé commode pour gagner du temps, lasser la patience des gens et les amener à résipiscence.

En l'espèce, nous amener à résipiscence, ce serait faire tant et si bien que nous quitterions Terre-Neuve, usés par ce double mauvais vouloir de la Métropole et de sa colonie, fatigués de ces polémiques sans cesse renaissantes, effrayés peut-être même par le régime de violences récemment inauguré sur le French-Shore. Qu'on ne s'y méprenne pas, en effet. Les Terre-Neuviens ne souscriront jamais à aucun arrangement. Ils n'ont qu'un objectif : notre départ de Terre-Neuve. Furieux que l'Angleterre n'ait pu leur transmettre sur leur île des droits plus grands que ceux qu'elle tient elle-même du traité d'Utrecht, ils sont décidés à ne désarmer que le jour où le dernier « chauffaud » français aura disparu, avec la dernière de nos homarderies, d'un rivage désormais anglais et rien qu'anglais. Hors de là, point d'accommodement.

La France consentira-t-elle à cet abandon ? Nous ne pouvons l'imaginer, malgré la déplorable faiblesse dont notre Gouvernement a fait preuve depuis une quinzaine d'années. Si l'on s'y était pris à temps, avant que le French-Shore ne s'encombrât d'établissements anglais, il aurait été possible de sauvegarder intégralement nos droits. L'espoir d'un résultat pareil ne nous semble plus permis aujourd'hui, quoi qu'on fasse. La solution de l'arbitrage pourrait encore, cependant, avoir d'heureuses conséquences. Il appartient à nos gouvernants de reprendre les négociations à cet effet, après avoir exigé de la Grande-Bretagne l'assurance formelle qu'elle ne s'en remettra qu'à elle-même de faire exécuter la décision des arbitres.

Mais qu'on se hâte. Il résulte des derniers rapports officiels que notre pêche à Terre-Neuve va périclitant davantage chaque année. Malgré leur patriotisme, leur habileté, leur énergie, nos commandants de station navale ne suffisent plus à la tâche si lourde de défendre nos droits, et, selon les expressions du lieutenant de vaisseau Marquer, au cours d'une conférence sur Terre-Neuve faite à Lorient, « le jour menace de venir où de notre domination passée il ne restera plus d'autres vestiges que tous ces noms français dont sont décorées les plages de Terre-Neuve ».

TABLE DES MATIÈRES

RENNES

IMPRIMERIE FR. SIMON, SUCC^r DE A. LE ROY

www.ingramcontent.com/pod-product-compliance
Lightning Source LLC
LaVergne TN
LVHW020409230826
846091LV00004B/1213
* 9 7 8 2 0 1 3 4 3 0 4 1 8 *